Maria Mariposa

# nacktschmecken

17 erotische Geschichten

chiliverlag

Zuletzt im chiliverlag erschienen:
Hinter dem Licht – KIMM-Stories (2014)
Zwischen Kuns tRäumen – Roman (2014)
Duftender Sake – Lyrische Schnapsideen (2014)
Morden – Kurzkrimis (2014)
Tag des Zitronenfalters – Kurzgeschichten (2014)
Jetzt anders! – Ein Lesebuch voller Vielfalt und für Toleranz (2014)
Brombeerrausch – raja chili: HOT! Erotikanthologie (2014)
DEUS IUDEX MEUS – Nur Gott ist mein Richter (2014)
Akte 7 – Anatomie des Übels (2014)
Wut, Mut & Herz-Tattoos (Bühnentexte, 2014)

1. Auflage Dezember 2014

franchili / 20

Detaillierte bibliographische Daten sind unter http://dnb.ddb.de bei der Deutschen Nationalbibliographie abrufbar.

Lektorat, Gestaltung, Layout: chiliverlag
Korrektorat: Philipp Röchter
Erstlektorat: Harry Michael Liedtke
Coverfotos und -schrifttyp: Maria Mariposa
Tattoo (Coverfoto) by www.jamestattooart.hu
Foto S. 163 by Rebekka Sperling, blacksparrowphotography.de; facebook.com/blacksparrowphotography.de
Korsett (Foto S. 163) by ATEMraub

ISBN 978-3-943292-23-7 www.chiliverlag.de

**Ich will Poesie, ich will wirkliche Gefahren und Freiheit und Tugend.**

**Ich will Sünde!**

**(Aldous Huxley, Schöne neue Welt)**

Für meine Mama, die mich in
diese wunderbare Welt gebracht
hat.

# Inhaltsverzeichnis

# Vorwort

Unfassbar! Mein Buch ist da!

Die Geschichte dieses Buches ist eine Geschichte, die einen Weg beschreibt, der aus purer Lust am Schreiben besteht. Nichts wurde forciert und alles geschah, weil es einfach geschehen sollte.

Das Schreiben macht mir Freude. Ich schwimme mich darin frei. Meiner Phantasie freie Lauf zu lassen spornt mich an, weitere Geschichten zu formen. So lasse ich hier und da auch erotische Teile einfließen. Nicht forciert, sondern einfach weil ich Spaß daran habe. Eben Lust an der Lust.

Eines Tages wurde ich zu einer erotischen Lesung meiner lieben Kolleginnen Djamila Katrin Müller und Christa Lehmann eingeladen. Als Dreierteam inklusive der wundervollen Rhythm' and Bluesband „Livin'room" lasen wir im Kunsthaus1 in Monheim. Dort wiederum saß der Marketingleiter der Marke Monheim, Sebastian Bünten. Er sagte: „Wir machen eine FSK18 Lesung."

„Das kann ich!", sagte ich und tauchte zum ersten Mal in eine rein erotische Geschichte ab. Die Lesung war ein Erfolg. Dieser wiederum spornte mich an, in diesem Thema weiter zu schwelgen.

Ich möchte danke sagen:

Danke an Harry Michael Liedtke, der mich auf eine Bühne stellte und mit Franziska Kontakt aufnahm. Danke für Dein Engagement.

Danke an Franziska, die den Mut aufbringt, meinen geistigen Wahnsinn in ihrem chiliverlag unter die Menschen zu werfen.

Danke an Mike Gromberg, der sich immer wieder mit mir auf Bühnen traut. Mein kleines Bühnenmonster. Danke an Susanne B., die mir zeigte, wie viel Lust am

Leben in mir steckt.

Danke an meinen Mann André, der oft als erster alleine einschläft, während ich noch meinen Mac bemühe.

Und Danke an all die Menschen, die mich zu den Geschichten inspirierten. Die mir Themen nannten, über die ich dann schrieb.

Viel Freude beim Lesen. Ich hoffe, ein kleines süffisantes Lächeln in die Gesichter meiner Leser zu zaubern und vielleicht auch hier und da ein ungläubiges Augenaufreißen.

Eure Maria Mariposa Im Oktober 2014

# Der Gutschein

„Klick! Ha! Ich hab's getan! Ich gönne mir endlich mal was!"

In all der Zeit während ihrer Beziehung zu Lukas hatte Tabea genau das nicht getan: sich etwas gegönnt. Ganz im Gegensatz zu ihm. Er hatte sich nämlich jede Menge gegönnt: ein neues Auto etwa, weil er ja den Erfolg im Vertrieb auch im Privatleben fahren musste. Langweilig und gediegen, aber schweineteuer. Oder eine neue Angel-Ausstattung. Ein eigenes Fitnessstudio im Keller. Das hatte er zwar nie benutzt, aber egal. Und jede Menge anderer Grausamkeiten, die IHR nie etwas gebracht hatten. Aber damit war jetzt Schluss! Ein für allemal.

Als sie Lukas vor vier Jahren kennengelernt hatte, waren ihre Hormone schier explodiert. Lukas war wie ... ja wie? Wie ... Luke Skywalker!

Genauso abenteuerlich. Ebenso verwegen. Und so überirdisch schön. Nach alle den Jahren war er aber leider nicht mehr Luke, sondern eher Chewbaka. Ein haariges Dingsbums aus Star Wars, dessen Worte man nie verstand und bei dem nur Eingeweihte wussten, was es wollte. Ein Wesen, das jedwede Körperpflege ablehnte. Ein Zausel, der komplett rückenbehaart sein Dasein als Alien fristete.

Auch Lukas trug nun Haare auf dem Rücken und schlurfte durchs Leben. Auch Lukas sprach eine Sprache, die ihr immer fremder wurde. Im Schlaf hatte sie ihn mal sabbern gesehen. Meine Güte! Das war doch nicht mehr ihr Held!

Damals, ja, da war er ein wahrer Luke gewesen. Ebenso blond, jungenhaft und abenteuerlich wie der edle Star Wars-Recke. Nur leider hatte der Alltag ihm all das genommen. Luke verwandelte sich in ein träges Ding, dem Sicherheit über alles ging. Der Saft war raus. Aus ihm und ihrer Beziehung. Aus überirdisch wurde unterirdisch.

Einmal ab in den Keller. In einen sehr verstaubten. Ganz tief nach unten.

Vor Kurzem hatte Lukas sie dann mitsamt ihrem Hamsterkäfig auf die Straße gesetzt, weil er sie mit all ihrem komischen Großdenken nicht mehr verstand. Ihre Welt war schillernd. Prickelnd. Aufregend!

Luke Skywalker war nun mal der Held ihrer Kindheit. Okay, Indiana Jones war auch ein heißer Kandidat für ihre feuchten Jungmädchenträume gewesen, aber Luke ... Tabea seufzte in sich hinein. Luke war derjenige, der für all das stand, was sie an einem Mann begehrte: Visionen, Abenteuer, Kerl, Held. Ein guter Kern, aber ein Bad Boy. Funkeln im Blick.

Lukas jedoch stand für alles, was ein Mann nicht war: risikolos, Decke auf der Couch, Mundspülung nach jedem Zähneputzen. Alles, was Frau eben nicht braucht.

Nun saß Tabea in ihrem kleinen 50-m2-Glück. Ihre neue Wohnung. Gemeinsam hatte sie mit Yvonne die Wände violett und lindgrün gestrichen. Brachte endlich wieder Farbe in ihre Welt.

Gestern hatte sie dann nach dem Aufhängen der Bilder bei einem allseits bekannten Gutscheinanbieter unter „Specials“ das Dinner mit Überraschung entdeckt. Die Beschreibung war vage. Sterneküche mit fulminantem Abschluss. Klang gut. War den Single-Damen empfohlen worden. 69,- EUR war zwar ein stolzer Preis, aber Abenteuer kosten nun mal was: Risiko und den einen oder anderen Euro.

„Klick!“

Jetzt stand Tabea mit ihrer besten Freundin Yvonne im Schlafzimmer. Sie beratschlagten, was sie sich heute über sich werfen sollte.

„Nimm das kleine Schwarze mit den roten Sandaletten! Das sieht klasse aus! Und die Schuhe sind der Knaller. Wer weiß, vielleicht begegnet dir ja heute Mr. Right.“

Mit einem Kopfnicken und einem prüfenden Blick in den Spiegel segnete Tabea den Kleidungsvorschlag ab. Als sie sich selbst im Spiegel betrachtete, wurde ihr plötzlich bewusst, dass sie eine attraktive Frau war. Nicht landläufig schön, sondern geheimnisvoll.

Eine Frau, nach der sich die Männer die Finger lecken würden. Das sollten sie auch! Tabea würde dies nicht übernehmen. Fingerlecken reichte ihr nicht mehr. Sie wollte gerne an anderen Dingen herumlutschen.

„15,80 Euro", ließ der Taxifahrer verlauten.

„20. Stimmt so."

Gut gelaunt stieg sie aus.

„Hm ... Komischer Laden", murmelte Tabea nachdenklich, als auch schon die Tür geöffnet wurde. Schwere blutrote Samtvorhänge versteckten das Innere vor der Öffentlichkeit, wie eine schützende Membran hielten sie die Lautstärke der Straße ab. Das Restaurant war eine Welt für sich. Tabea trat ein. Eine feine Dame mittleren Alters wies ihr einen Platz zu. Während sich Tabea an den Tisch geleiten ließ, an dem sie den heutigen Abend verbringen würde, musterte sie die Empfangschefin, deren Lippen ein Schmunzeln umspielte. Die Frau sah sehr teuer aus. Ein Kostüm von Prada und Louboutinschuhe unterstrichen ihre gepflegte Erscheinung. „Wie stilvoll sie ihr Leben zelebriert", dachte Tabea bewundernd. Das Restaurant schien gut zu laufen.

Tabea ging davon aus, dass es sich um die Inhaberin handelte. Denn sie hatte stets auch einen Blick auf das schnell, aber ruhig agierende Personal.

Tabea nahm Platz. Ihr Blick schweifte durch den Raum. Dabei wurde ihr bewusst, dass es wirklich ausschließlich Single-Damen waren, die an den stilvoll gedeckten Tischen saßen. Manche wirkten erwartungsfroh, andere schauten sich beschämt ihre Schuhspitzen an oder nestelten unruhig an der bodenlangen Tischdecke. Tabea schmunzelte. Witzige Location! Sie erschrak, als ihr ein plötzliches Raunen direkt ins Ohr fuhr.

„Darf ich mich der Dame vorstellen? Mein Name ist Luke, und ich bin heute Abend Ihr Tischpartner."

Tabea knallte laut mit ihren Knien gegen die Tischkante, als sie hastig aufstand. Dabei kippte ihr Glas Champagner quer über den Tisch.

Wer zum Teufel ...? Und dann blickte sie in die dunkelsten Augen, die sie je gesehen hatte. Luke war eine glatte 10. Quatsch, eine 20! Dunkelbraune Augen, tiefschwarze Haare und belustigte leichte Grübchen, als er sie angrinste und mit einem: „Wie ungeschickt von mir!" sowie einem galanten Fingerschnippen dafür sorgte, dass der Champagner nebst Tischdecke, Serviette und komplettem Gedeck erneuert wurde. Dann zog er Tabeas Stuhl zurück und bot ihr ebendiesen an.

„Mögen Sie sich nicht setzen, Madame?"

Tabea plumpste fassungslos und elegant wie ein Nilpferd auf den Stuhl nieder. Sie starrte Luke dabei irritiert wie einen pinken Goldhamster an.

„Entschuldigung ..." Sie kam langsam wieder zu sich. „Ich dachte, ich speise hier heute Abend alleine. Der Gutschein war für Single-Damen."

„Das sind Sie doch, eine Single-Dame, Tabea", brummte Luke mit einem Timbre, das ihr direkt in den Magen fuhr. „Oder bin ich da falsch informiert?" Belustigt, geradezu frech grinste er sie an.

Jetzt wurde Tabea wütend. Nein, Tabea wurde stinksauer. Was fiel diesem arroganten Fatzke eigentlich ein? Sie kannte ihn überhaupt nicht. Er saß ungebeten an ihrem Tisch, und nun wurde er auch noch unverschämt.

„Ich habe nicht um Ihre Anwesenheit gebeten."

„Stimmt. Ich könnte Ihnen auch noch Dirk anbieten. Der wiegt aber leider 130 Kilo. Und das ist keine Muskelmasse. Aber sollten Sie auf kräftige Männer stehen, ist er ganz der Richtige für Sie, Tabea. Die schlechte Nachricht des Abends ist: Ich bin Teil des Gutscheins."

Wieder dieses Grinsen.

„Aber ich verspreche an dieser Stelle hoch und heilig", nun fiel er vor ihr auf die Knie, hob drei Finger und legte die rechte Hand auf sein Herz, „dass ich mich absolut dafür verbürge, dass Sie einen Abend erleben werden, der Ihnen lange im Gedächtnis bleibt. Na los!" Er setzte sich wieder und hielt ihr die Hand hin. „Schlagen Sie schon ein!"

Tabea schaute erst in diese unergründlichen Augen und dann auf die Hand.

„Feigling! Sie sind doch kein Feigling, Tabea! Sollte ich mich so in Ihnen getäuscht haben?"

Feigling? Na warte!!!

„Okay, ich schlage ein."

Tabea spuckte in ihre Hand und gab sie ihm. Hihi, damit hatte er nicht gerechnet. Sie feixte innerlich. Das wird lustig mit ihm!

Sei es drum. Sie wollte ja einen Luke, und das Schicksal hatte ihr einen geschenkt. Also musste sie da nun wohl durch.

Auch an den anderen Tischen saßen nun Männer neben den kichernden, und manchmal errötenden Damen: durchtrainierte, kräftige, schlanke, dicke, dünne ... Und jede Lady schien zufrieden mit ihrem Tischnachbarn zu sein. So langsam wurde Tabea klar, warum sie zu dem Gutschein einen Fragebogen hinsichtlich ihrer Vorlieben hatte ausfüllen müssen. Sowohl bezüglich der Essenswahl als auch bei der Manneswahl. Dass sie einen Tischnachbar haben würde, war ihr jedoch nicht mitgeteilt worden. Prost, Tabea! Der Champagner floss ihre Kehle hinab.

Als die Vorspeise kam, suchte sie nach ihrem Besteck. Es war an ihrem Platz keines vorhanden. Stattdessen führte Luke ihr mit seinem Besteck jeden Bissen einzeln zum Mund. Tabea schaute ihn an und hielt den Mund geschlossen.

Lukes Blick veränderte sich.

„Sie wollen doch artig sein, Tabea. Es würde sicher ein

wenig seltsam wirken, wenn ich Sie hier nun übers Knie legen müsste."

Tabea fiel die Kinnlade herab und der erste Bissen Jakobsmuscheln landete in ihrem Mund.

„Kauen, Tabea! Und nicht das Schlucken vergessen!"

Fassungslosigkeit machte sich in ihr breit ... und Lust. Lust darauf, diesem unverschämten Kerl zu zeigen, was ein wahres Weib ist. Das nächste Stück Jakobsmuschel wanderte zwischen ihre Lippen. Sie löste es vorsichtig von der Gabel. Doch statt es zu kauen und hinunterzuschlucken, näherte sich ihr Gesicht seinem. Luke wirkte überrascht, beobachtete sie genau. Tabeas Lippen verließen ihren Weg nicht. Sie klopfte leicht mit ihrer Beute gegen seinen Mund. Dabei fixierte ihr Blick seinen. Luke atmete hörbar lauter. Als sich seine Lippen öffneten, schob ihre Zunge das Stück Muschel zart auf seine Zunge.

Dann lehnte sie sich mit einem Seufzer in ihrem hohen, mit Versace-Stoff überzogenen Stuhl zurück.

Lukes Blicke tauchten in sie ein. Sie sah ihn langsam kauen und die Muschel dann die Kehle hinuntergleiten. Das war sexy. Sehr sexy. Genau genommen die erotische Offenbarung der letzten zehn Jahre ihres Lebens.

„Bekomme ich einen Schluck Champagner, Tabea?"

Seine schneeweißen Zähne zeigend, führte er – ohne die Antwort abzuwarten – ihr Glas an seine Lippen und nahm einen großen Schluck in seinen Mund. Als er ihr ins Haar griff, um ihren Kopf nach hinten zu beugen, war sie überrascht. Als seine Lippen dann ihre verschlossen und das prickelnde Gesöff sich in ihren Mund ergoss, fühlte sie sich augenblicklich penetriert. Göttlich!

Sie griff in seine Haare und zog ihn noch enger an sich heran. Dieser Mann war genau das, was sie gerade brauchte.

„Ähem ...!"

Der Kellner stand neben ihnen. „Mein Herrschaften, darf ich abräumen?"

Tabea errötete und Luke wischte sich mit der Hand

über seinen nassen Mund. „Du darfst, Joseph."

Tabea glühte inzwischen. Flucht! Sie musste flüchten, und sei es nur für zehn Minuten.

Den Stuhl fast umwerfend, raste sie Richtung Toilette. Ihr Spiegelbild zeigte ihr erhitztes Gesicht. Sie wirkte zehn Jahre jünger. Frisch und voller Leben.

„Yvonne, ich bin im Himmel!", textete sie schnell in ihr Handy. Ihre Haare halbwegs gerichtet, fand sie dann den Weg wieder zu ihrem Platz zurück.

Dort saß er. Unfassbar attraktiv und siegessicher. Ein Eroberer, Abenteurer. Ein Charmeur. Ein Stich fuhr ihr in den Magen, zerstörte augenblicklich diesen Zauber. Eifersucht kam in ihr hoch. Sie war hier Gast. Luke das Inventar. Was er gerade mit ihr tat, tat er mit jeder, die diesen Gutschein buchte. Sie war auswechselbar. Die Gewissheit, eine Beliebigkeit zu sein, zerstörte augenblicklich den Zauber dieses besonderen Abends. Tabea wurde schlecht.

Sie blickte Luke an. Er bemerkte die Veränderung. Sie blickte zur Tür, wollte nur weg. Fort von diesem Mann, der es geschafft hatte, dass sie ihre gut trainierte Fassung verloren hatte. Sechs Meter, dann wäre sie draußen auf der Straße, würde wieder die schneidende Luft der Realität atmen. Schnell setzte sie sich in Bewegung und war froh, diesen vermaledeiten Gutschein per PayPal bereits bezahlt zu haben.

Doch bevor sie den schweren Vorhang zur Seite schieben konnte, stand plötzlich Luke vor ihr.

„Was ist los, Tabea?"

Sie versuchte, rechts an ihm vorbeizukommen. Doch vergebens. Er versperrte ihr den Weg.

„Tabea, WAS IST LOS?"

Ihr Schultern fielen kraftlos herab.

„Ich kann das nicht."

„Warum? Du hast doch bisher alles genossen. Und bist selbst in die Offensive gegangen."

„Weil ich eine Beliebigkeit bin. Morgen hat eine andere diesen Gutschein gekauft. Übermorgen wieder eine andere. Du sitzt dann mit diesen Frauen hier. Ich wollte nie wieder beliebig sein. Nie wieder. Und gerade jetzt bin ich es."

Luke blickte sie fest an.

„Setz dich!"

Tabea schüttelte ihre roten Locken.

„Ich sagte: ‚Setz dich!'"

Wieder flogen die Locken.

Sie spürte, wie ihre Füße den Boden verloren, als er sie einfach über seine breiten Schultern warf und – ihr Zappeln und Zetern ignorierend – zum Tisch trug.

Die anderen Gäste schauten die beiden erstaunt an, jedoch gab jeder der anwesenden Herren sein Bestes, um die Aufmerksamkeit wieder auf sich zu ziehen. Madame Prada schaute Luke ermahnend an und wollte gerade eingreifen, als er ihr einfach die Hand abwehrend entgegenreckte und seinen Kopf schüttelte. Die Louboutins drehten sich auf roter Sohle um und kümmerten sich um die anderen Gäste.

Wütend blickte Tabea Luke in die Augen.

„Was fällt dir ein???!!!"

„Was mir einfällt?! Ich lasse doch nicht einfach eine Frau einfach aus meinem Leben verschwinden, die derart unfair über mich urteilt. Du wirst nun dieses Essen zu Ende bringen, weil du ein großes Mädchen bist. Und DANN kannst du mir gerne den Abend versauen. Ende der Diskussion!"

Ein „PSSSST!" vom Nebentisch half, dass Tabea die Klappe hielt. Sie starrte wütend auf die Tischplatte.

„Du willst doch nicht das fulminante Dessert verpassen, du Wildkatze!"

Trotzig gab sie ein „Muh, mhhh" von sich.

„Gut, dann beruhig dich und genieß es."

Tabea brannte lichterloh. Nur mit sehr viel Mühe verbot sie sich, ihm eine reinzuhauen. Was fiel ihm ein? Als ob ihr das beschissene Dessert wichtig war. Der einzige

Grund, warum sie hier nicht einen Aufstand geprobt hatte, waren die anderen Frauen, die nun wahrlich nicht verdient hatten, dass eine eifersüchtige Zicke ihnen den Abend versaute.

Luke grinste wieder. Sie würde ihm eine reinhauen. Und zwar NACH dem Dessert. Was auch immer das sein sollte. Wenn der Espresso käme, wäre der Kerl dran. Gäste hin oder her.

„Was gibt es denn so Fulminantes?"

„Lass dich überraschen, Tabea!"

Der Kellner kam und stellte eine kleine, silberne Glocke vor sie hin – eine dieser Kuppeln, welche die besten Speisen verbargen, bevor sie für den Gast feierlich enthüllt wurden.

Alle Tische ereilten diese Speiseglocken.

„Ich hoffe, du magst es, Tabea."

„Wir werden sehen", grummelte sie trotzig.

Ein hellsilbriges Klingeln ertönte. Die weißen Handschuhe der Kellner griffen nach den Deckeln und hoben sie zeitgleich an.

Erstaunte Gesichter blickten auf die kleinen Teller. Denn auf eben diesen lag weder Schokolade, Backwerk noch eine Köstlichkeit der französischen Küche, nein, auf den Tellern lagen kleine weiße Kärtchen. Und auf diesen stand der Name des abendlichen Begleiters. Manche Damen starrten ungläubig auf die Karte, andere kicherten in sich hinein. Und Tabea? Tabea war sprachlos. Sie blickte Luke an, kämpfte zwischen aufkommender Lust und zerreißender Eifersucht an.

Luke legte einen Finger unter ihr Kinn.

„Tabea, ich bin den ersten Abend hier. Ein Freund hat dieses Spiel einmal gemacht. Seit Kurzem bin ich getrennt und dachte mir, dass dies in mein Single-Leben eine neue Würze bringen könnte. Etwas, das mir die Freiheit gibt, mich auszutoben. Aber leider bin ich heute auf die Frau gestoßen, die mich vom ersten Moment an in ihren Bann gezogen hat. Keine Angst, kleine Wildkatze.

Mein Arrangement mit diesem Restaurant ist nach unserem Essen beendet. Ich lasse doch nicht eine Frau gehen, die ich wiedersehen will. Auch wenn das gegen die AGBs dieses Gastronomietempels verstößt."
Er lachte laut auf.

„Und nun kommt dein Nachtisch."

Mit diesen Worten tat er das, was alle Tischnachbarn taten. Er tauchte unter den Tisch ab, schlug die Decke bis zu ihrer Hüfte hoch.

Tabea war wieder einmal sprachlos. Sie konnte nicht glauben, was da gerade geschah. Doch die Hände, die ihr langsam ihren Slip hinabzogen, wussten, was sie wollten. Und was sie wollten, war Tabea. Lukes Hände teilten ihre Schenkel. Langsam. ZU langsam für Tabea, die es nicht mehr aushielt. Sie musste diesen immensen Druck entladen, den seine Rede in ihr ausgelöst hatte. Dieser Mann brachte sie um den Verstand. Sie spürte, wie seine Haare an der Innenseite ihrer Beine kitzelten. Diese streichelten. Tabea schloss die Augen. Versuchte, ihre Gefühle zu sortieren. Eben noch hatte sie flammende Eifersucht gefühlt, nun breitete sich innerhalb von Sekundenbruchteilen die totale Erleichterung in ihr aus. Die im nächsten Moment einem Gefühl von unfassbarem Glück und dann purer Gier Platz machte. Sie wollte diesen Mann. Dann spürte sie die Wärme seiner Zunge auf ihrem Lustzentrum. Nass, reisend, saugend, gab er ihr das, was sie brauchte, um ihren Kopf wieder auf Kurs zu bekommen.

Er neckte sie, saugte an ihren Schamlippen. Nässe tropfte zäh aus ihr heraus. An der er sich labte. Von der er trank. Seine Zunge trieb Tabea voran. Belohnte sie für all den Kummer, den er in ihr ausgelöste hatte. Als sie kam, brach es aus ihr heraus. Tränen des Glücks, dem Verarbeiten tiefer Gefühle geschuldet, liefen ihr Gesicht hinab. Lukes Grinsen, das Glitzern ihrer Lust noch um seinen Mund, holte sie zurück in die Gegenwart.

„Und nun, Tabea, werden wir uns ein Taxi holen."

Er hob sie hoch und winkte den anderen fassungslosen

Teilnehmern des Dating-Spiels zu. Küsste Madame Louboutin lässig auf die Wange, warf Tabea in das nächstbeste Taxi, um ihr zu zeigen, wozu ein Luke Skywalker fähig war.

„Ich hol dir die Sterne vom Himmel, Tabea. Weil du sie verdient hast“, hörte sie noch, als sie erschöpft und glücklich in den Armen ihres Luke zur Ruhe kam.

## Der Sommelier

Die schwere Holztür des alten Ladens öffnete sich mit lautem Knarren. Heiße, stickige Luft schlug Louis entgegen. Draußen hingegen strahlte ein klarer, wundervoller Frühlingstag. Louis hatte sich aus seinem Hotelzimmer hinausbegeben, um Honfleur zu Fuß zu erkunden.

Er liebte die Normandie. Seine Leidenschaft, als Sommelier kleine Weinläden zu finden, die sonst niemand aus der Szene kannte, hatte ihn irgendwann dorthin geführt. Der Landstrich war zauberhaft, dieser Ort war zauberhaft!

Der schmucke Hafen mit seinen kleinen Fischrestaurants versetzte ihn zurück in die Vergangenheit. Die kleine Kirche dort am Hafenbecken war ebenso romantisch und verträumt, wie all die Restaurants, die sich an die Kaimauer schmiegten.

Die Zeit schien hier still zu stehen. Honfleur zeigte eine Welt, in der das Savoir-vivre noch in aller Munde war, wo es noch Weine gab, die mühsam mit der Hand angebaut wurden.

Die Suche nach Kleinoden der Kelterei führte Louis häufig in die Seitengassen des Ortes. Mittlerweile kannte er sich dort gut aus. Heute indes blieb der Sommelier erstaunt vor einem Geschäft stehen, welches neu für ihn war.

Dieser Laden war ihm zuvor noch nicht aufgefallen. Vielleicht war er gerade erst eröffnet worden? Louis hätte schwören können, dass hier bei seinen letzten Besuchen eine Goldschmiede gewesen war und zuvor ein Antiquitätenladen. Die Tür erkannte er wieder. Das schwere Eichenholz, welches bereits Generationen überdauert hatte, war ihm im Gedächtnis geblieben. Die große eiserne Klinke, die den Kopf eine Fabelwesens mit Hörnern und spitzen Zähnen zeigte, war ihm ebenso vertraut.

Aber zuvor hatte es hier definitiv keine Weine zu erwerben gegeben. Das wusste er. Irritiert öffnete er die Tür.

Die Sonnenstrahlen, die mit ihm wie kleine Schmetterlinge von außen nach innen dringen wollten, wurden auf der Türschwelle augenblicklich von der Dunkelheit des Ladens verschluckt. Mit einem Mal liefen ihm Schweißperlen die Schläfen hinab, die er mit dem Jackenärmel flink wegwischte.

„Weinerlebnisse" hatte neben dem Namensschild gestanden. „La Cave" – „Die Höhle" –" hieß der Laden, der seinem Namen alle Ehre machte.

Louis schaute sich um. Man sah keine Wände. Es gab so viele Regale, die hunderte von diversen Weinflaschen beherbergten, dass sie mit den Mauern verschmolzen. Es wirkte fast, als wären die Wände verschlungen worden.

Fasziniert blickte sich Louis um, denn der Boden erweckte den Anschein, als würde er glühen. Der Belag glich dunkler Lava und reflektierte das im Laden vorherrschende Farbspiel auf die Weinregale. Die Decke bestand aus schroffen, glänzend schwarzen Steinen. „La Cave".

Die Raumdesigner der Neuzeit hatten den sicher mal abgehalfterten Laden wunderbar hergerichtet.

Dunkel, mysteriös und schwül. Nur leider ohne Klimaanlage. Wie dämlich!

Louis ging auf ein Regal zu, weil eine Flasche sich irgendwie von den anderen hervorhob. Sie zog seinen Blick magisch an. Glühend. Er grinste: Wenn er einen Schatz gefunden hatte, dann fuhr ihm das direkt zwischen die Beine. Er spürte, wie sein Schwanz pulsierte. Sein Guter-Wein-Barometer. Sein Penis sprach mit ihm.

Louis lebte alleine. Er war nie glücklich gewesen in einer Beziehung. Hatte die Frauen ausgenutzt. Sie kamen voller Hoffnung in seine Arme gelaufen und gingen mit gebrochenem Herzen. Eine dieser Frauen war dann sogar der Alkoholsucht verfallen und später zusätzlich im Drogensumpf gelandet, weil sie ihn nie überwunden hatte. Man fand sie eines Abends hinter dem Hauptbahnhof. Tot. Sie hatte sich zum letzten Mal die Nadel gesetzt. Auf ihrem Unterarm hatte sein Name eintätowiert gestanden. Eines Morgens war ihm dieses Bild in der Zeitung entgegengesprungen. Bedauernswertes Geschöpf.

Irgendwie klebte das immer noch an ihm. Schuldig hatte er sich damals gefühlt und das war wohl heute noch so. Sie hatte ihn geliebt und ihm war es schlichtweg scheißegal gewesen. Egozentriker, der er nun mal war und auch blieb.

Er wischte den Gedanken an sie weg, gemeinsam mit den Spinnweben, welche sich über sein Gesicht legten.

Dem Wein jedoch, dem gab Louis sich gerne hin. Ein guter Tropfen hatte es sich durch jahrelange Reifung verdient, dass er sich intensiv mit ihm beschäftigte und sich ganz auf ihn einließ. Ihm vollends verfiel. Pure Hingabe erlebte er in der Verbindung zu dem Traubenmost.

So war er im Laufe der Jahre einer der weltbesten Sommeliers geworden. Schrieb für die führenden Weinmagazine und benannte, welcher Wein hot und welcher eben not war. Die Weinwelt richtete sich nach seinem Urteil. Er war ein Gott.

Sein Blick ließ die staubige Flasche nicht los. Hypnotisiert ging er langsam auf sie zu. Magisch, dieser Moment. Der Schreck fuhr ihm augenblicklich den Rücken hinab direkt in den Hoden hinein. Eine schwere Hand hatte sich auf seine Schulter gelegt. Louis unterdrückte mühevoll einen Schrei.

„Guten Abend, der Herr!“

Eine sonore, dunkle Stimme mit samtweichem Timbre schickte sich an, auf direktem Weg in sein Hirn zu kriechen. Der Mann, der zu ihr gehörte, war circa zwei Meter groß und musste sich fast bücken, um nicht an die Decke zu stoßen. Als ihm eben dieses dann aber doch kurz widerfuhr, meinte Louis, ein leises Kratzen zu hören.

„Darf ich Ihnen behilflich sein?"

„Ich ... ich hatte Sie gar nicht kommen hören!", stammelte Louis, seine Fassung suchend.

„Nun, das tun die wenigsten Gäste. Die Weine ziehen sie in ihren Bann."

Louis schaute sich den Mann an. Von diesem Kerl ging eine mysteriöse Anziehungskraft aus. Er war Anfang sechzig. Hatte silbergrau durchzogene, weich fallende Locken und einen kleinen Spitzbart. Ein Gentleman mit Stil. Seine Kleidung war klassisch, fast altmodisch. Gehrock mit Weste und blutrotem Plastron. Eine Krawattennadel steckte, das Konstrukt fixierend, im Stoff. Diese Nadel zierte auch das gehörnte Fabelwesen der Türklinke.

„Möchten Sie sich nicht vorstellen?", erhob sich die Stimme leicht.

Louis zögerte kurz mit der Antwort, während er die Bemusterung fortführte. Den Gehstock in der Hand krönte ein Silberknauf mit dem gleichen Motiv, welches auch die Eingangstür zierte.

„Oh, natürlich: Louis Mercier. Meines Zeichens Sommelier. Ich wandere durch die Gassen Honfleurs, um neue Schätze zu finden. Weinschätze. Und da stand ich plötzlich vor Ihrem Laden."

Wieder rann ein Schweißtropfen seine Schläfe hinab. Verflixt heiß war es hier. Hatte der Mann wirklich keine funktionierende Klimaanlage? Und das bei den Weinen? Was für ein Frevel!

Der ältere Herr reichte ihm ein Taschentuch mit einem großen L als eingesticktes Monogramm.

„Sehen Sie es bitte als Geschenk an."

Louis stutzte und starrte auf das L.

Irritiert schüttelte er den Kopf und tupfte sich den Schweiß fort. Dabei bemerkte er, dass der Kerl doch glatt die Frechheit hatte zu fordern, dass Louis sich vorstellte, selbst aber diese Notwendigkeit wohl nicht sah.

„Haben Sie schon etwas gefunden, Herr Mercier?“

„Ja, in der Tat. Diese Flasche dort zieht mich irgendwie an, Herr …???“

Der Ladenbesitzer ignorierte einfach die Frage nach seinem Namen, als wäre sie nie gestellt worden war, ging langsam auf die angezeigte Flasche zu und griff nach ihr. Louis starrte wie gebannt auf die Hand des circa Sechzigjährigen. Plötzlich überfiel ihn mit aller Macht die Gier.

Sein Wein! Ha! Gleich würde er ihn probieren, zu seinem Eigentum machen und dann mitnehmen.

Gänsehaut krabbelte wie ein Käfer seinen Rücken hinauf. Die Haut seiner Hoden begann sich zu kräuseln. Der Ladenbesitzer schickte sich an, ihm den Wein zu überreichen, zog ihn dann aber zurück. Louis starrte erregt auf die Flasche, dann auf den Mann, fuhr sich mit der Zunge über die Lippen und fühlte sich wie der kleine Gollum aus Tolkiens „Herr der Ringe“, der unbedingt „SEINEN SCHAAATZ“ haben wollte. Und dafür auch vor Mord nicht zurückschreckte.

Die dunklen, ja, fast schwarzen Augen des älteren Herrn schauten ihn musternd an.

„Sie sind sich sicher, dass Sie diesen Wein kaufen wollen?“

Louis nickte.

„Ja, natürlich. Ich würde ihn nur gerne vorher einmal kosten, bevor ich einige Flaschen davon erwerbe. Ich kaufe schließlich nicht die sprichwörtliche Katze im Sack.“

„Hmmmmm …“ Ein amüsierter und dennoch ernster Blick tastete ihn abschätzend ab.

Der Inhaber hielt Louis die Glasflasche direkt vor die Augen. Dann fuhr er mit seinen perfekt manikürten und seltsamerweise auch dunkel lackierten Fingernägeln über das Etikett. Der Name des Weines, der in roten, schwungvollen Kalligraphielettern darauf prangte und den Louis nun las, lautete „Zoe".

Mehr stand dort nicht. Louis Kopf begann zu pochen. Das konnte doch nicht sein!!! Das war der Name der Frau, die wegen ihm aus Liebeskummer gestorben war. Ein klares Zeichen. Es war SEIN Wein.

Wenn der Kerl ihm nicht gleich die Flasche aushändigte ... dann würde er ihm wohl den Schädel einschlagen müssen.

Dieser Wein gehörte ihm. Ihm ganz alleine! Und egal, was es kosten sollte, er wollte ihn besitzen. Noch dazu trug der Trunk auch noch den Namen der Frau, die ihn zutiefst geliebt hatte. Dies war ganz klar SEIN Wein!

„Dieser Wein birgt ein Geheimnis, Herr Mercier. Sie müssen sich ihm komplett hingeben. Sich in seinen Geschmack und seinen Körper hineinfallen lassen. Ihn inbrünstig lieben. Nur dann offenbart er sich. Sein Bouquet, seine wahre Kraft. Sind Sie dazu in der Lage?"

„Ja, natürlich!", sagte der lüsterne Sommelier fast kreischend. Sein Schwanz presste sich nun erregt derart hartnäckig gegen den Reißverschluss seiner Jeans, dass es ihm körperliche Schmerzen bereitete.

Keine Frau der Welt hatte je solch ein tief erotisches Gefühl in ihm hervorgerufen. Aber dieser verflixte Wein!

„Ich bin einer der besten Sommeliers der Welt. Wenn nicht ich das kann, dann kann das niemand!"

„Gut, dann folgen Sie mir!"

Ihr Weg führte sie in den hinteren Bereich des „La Cave", wo sich ein unangenehm fauliger Schwefelgeruch breitgemacht hatte und die Hitze noch intensiver zuschlug.

„Widerlich", dachte Louis bei sich und begann, durch den Mund zu atmen. Es roch nach verwesenden Weintrauben, die von Fliegen umkreist wurden.

Der Ladenbesitzer führte seinen Kunden in einen

kleinen Raum, der mit einem schweren Ledersessel und einem kleinen Tisch bestückt war. Auf dem Weg fiel Louis ein leichtes Humpeln des Weinhändlers auf. Sein rechter Fuß wirkte irgendwie deformiert. Nun, er war nicht mehr der Jüngste. Er hatte sicher die eine oder andere Kriegsverletzung.

Aus seinem Gehrock zauberte der Mann einen Flaschenöffner hervor. Der Griff war aus Elfenbein. Blass und organisch. Ein bauchiges Rotweinglas stand schon bereit. Direkt neben der Kerze, die den düsteren Raum wenigstens mit einem Hauch Licht verwöhnte.

Louis nahm auf dem kühlen Leder Platz. Ihm fiel auf, dass er überhaupt nicht nachgefragt hatte, ob es sich um einen Weiß- oder Rotwein handelte. Er hoffte auf einen Rotwein und wurde nun auch damit belohnt.

Louis beobachtete erregt, wie der rote Traubensaft zäh ins Trinkgefäß floss. Wie Honig klebte er an den Wänden des Glases. Das Aroma erfüllte mit einem Schlag den ganzen Raum, ein süßsaurer Duft schwängerte die Luft. Ein Kratzen lud die Atmosphäre zusätzlich auf. Es stammte von den Nägeln des Ladeninhabers, die verspielt am Stiel entlangschabten. Louis Brustwarzen verhärteten sich. Diese Wirkung haute ihn um. Sein Schwanz pochte wie wild in seiner Hose.

Der Ladenbesitzer bedachte ihn mit einem freundlichen Nicken und verabschiedete sich galant. Zog den schweren schwarzen Samtvorhang hinter sich zu und ließ Louis und den Wein alleine.

Louis nahm das Glas in die Hand, schwenkte es langsam nah vor seinen Augen, steckte seine empfindliche Nase in den Kelch und sog den Duft durch die Nase ein. Eine Explosion aus Vanille, dunkler Kirsche und Zimt entfachte ein sinnliches Feuerwerk in seinem Schädel.

Aber ... was war DAS? Er schnupperte noch einmal. Sein bester Freund machte sich bemerkbar. Louis lehnte sich zurück und verschaffte sich Platz, in dem er seine Hose öffnete.

Fragend schnupperte er noch einmal genau. Da war noch etwas anderes in diesem Duft, etwas Atypisches, aber durchaus Vertrautes. Was war das bloß? Es erschloss sich ihm nicht.

Wieder und wieder sog er den Duft des Rotweins ein. Und dann wusste er es! Er riss die Augen fassungslos auf. Der Wein roch nach der Vagina einer Frau. Und zwar der Frau, die er in den Tod getrieben hatte. Die Erregung nahm Besitz von ihm. Zoe!

Sein Schwanz fand den Weg hinaus und Louis nahm ihn in die Hand. Die Nase in das Glas haltend, begann er sich langsam zu wichsen. Er fixte sich selbst an, indem er das Glas immer wieder bis an die Lippen hob und dann kurz vor dem Genuss nach unten nahm. Diese Spannung geilte ihn auf. Zoe, du kleines Miststück. Wer hätte gedacht, dass ich dir noch einmal begegne!

Nun griff er mit den Fingern in den Wein und ließ ihn mit seiner Hand über seinen prallen Schwanz fließen. Das glitschige Schmatzen, das er dabei erzeugte, geilte ihn nur noch mehr auf. Dieses Weib, Zoe, sie war ihm damals komplett verfallen. War für ihn durchs Feuer gegangen. Durch alles! Sogar andere Männer hatte er auf sie gejagt. Hier und da hatte er diese dann dafür bezahlen lassen. Eine gute Zeit.

Doch irgendwann hatte sie zu viel gewollt. Gefühle! Furchtbar. Sie klebte an ihm, wie dieser Wein jetzt an seinem Schwanz.

Zoe, Zoe ...

Nun rieb er seine Eier nass. Ein Frevel, den er hier beging. Blasphemie. Bei dem Wort Blasphemie flackerte kurz die Kerze wütend auf. Was zum Teufel geschah hier? Doch es war so natürlich, das hier zu tun.

Das Aroma von Zoes zart behaartem Kätzchen durchflutete den Raum. Die Szenerie des Raums glich der eines morbiden Films. Einer dunklen Gruft.

Louis wichste seinen Schwanz und massierte sich seinen Hodensack. Mit der freien Hand füllte er nun erneut das leere Glas, welches er auf dem Tisch abgestellt hatte. Sex, das hier war purer Sex. Die Geilheit und die Gier auf Zoe und diesen Wein vereinten sich. Er hob das verschmierte Glas zum Mund und der erste Schluck lief endlich über seine Zunge.

Die Explosion der Bilder, die plötzlich in ihm hochkam, überwältigete ihn. Sein Atem setzte aus: Zoe am Strand, Zoe, die sagte, dass sie ihn liebe, Zoe, die ihn auf Knien anflehte, bei ihm blieben zu dürfen. Zoe tot in der Gosse.

All das vereinte sich mit dem unfassbaren Geschmack des dunklen Weines. Vanille, Kirsche, Zimt und der wundervolle Geschmack von Zoes Vagina trieben alle Körperfunktionen nach oben. Sein Schwanz pochte. Seine Hoden verhärteten sich so sehr, dass er dachte, die Schmerzen hielte er nicht mehr aus. Dann wanderte der Schmerz in seine Brust. Presste sie zusammen und bemächtigte sich seines Herzens.

Penis, Hoden und sein Herz, seine gesamte Haut sehnte sich derart stark nach Zoe, dass ihm die Augen mit seinen Tränen überliefen und er seinen Mund ihren Namen schreien hörte. Er wollte aufhören zu wichsen, doch mit jedem Schluck, den er von diesem Gesöff nahm, wurde seine Gier auf den erlösenden Höhepunkt und auf Zoe nur größer. Sein Kopf kämpfte dagegen an, befahl seiner Hand, aufzuhören, weil sein Herz derart überlastet wurde, dass es zu kollabieren drohte.

Doch nichts half. Der Wein war nun der, welcher sein Schicksal bestimmte. Der ihn dahin trieb, das zu holen, was er sich bei den Frauen immer geholt hatte. Keine Gefühle, nur den Körper. Er konnte nicht aufhören, und die liebliche Stimme von Zoe klang ihm im Ohr, als der Infarkt ihn übermannte.

In dem Augenblick, als Louis kam, gab sein Herz seinen Dienst auf. Schmerzen fuhren in seinen Arm, Zoes sanfte Augen waren plötzlich vor ihm und ihre Lippen küssten zart seinen Mund.

„Ich liebe dich, Louis. Auch über den Tod hinaus. Ich bleibe für immer dein.“, war das Letzte, was der Sommelier hörte, als er tot zusammensackte. Sein Sperma auf seinem Hemd verteilt, welches schweißnass an seinem Körper klebte, war das einzig Lebendige an seinem schlaffen, leblosen Körper.

Der Vorhang öffnete sich und der Ladenbesitzer trat ein. Er schaute auf Louis hinab, von dem kein Weinmagazin der Welt mehr etwas hören würde. Der Mann mit den silbergrau durchzogenen Haaren schloss den Vorhang hinter sich. Ging durch den Laden zum Ausgang. Drehte das Schild an der Eingangstür um, so dass die Menschen auf der Straße wussten, dass dieses Geschäft für heute geschlossen war.

Morgen würde er den Laden erneut öffnen. Nur dann wären keine Weine mehr in den Regalen, sondern die edelsten Schokoladen, die man sich vorstellen konnte. Und morgen würde eine Frau ihren Weg hierhin finden, würde ihre Geschichte mit hineinbringen.

Der seltsame Mann öffnete die Tür nach draußen. Die kühle Luft der Nacht ließ ihn den Mantelkragen hochschlagen. Viele Stunden waren seit dem Besuch von Louis Mercier vergangen. Er schloss ab. Honfleur war ein hübsches Städtchen. Viele Fremde, die hier ihr Glück suchten. Viele Fremde, die hier Antworten fanden.

Und so kam es, dass ein grauhaariger, großgewachsener und seltsam humpelnder Mann auf dem Steinpflaster durch die Nacht schlenderte. Mit einem Gehstock in der Hand, dessen Knauf das Antlitz Luzifers krönte.

## Der Flug

PING!

Die Beleuchtung über ihrem Sitz erlosch. Endlich Freiheit! Lina öffnete den Gurt ihres Sitzes. Das metallische KLICK schickte die Sicherheit, die sie beim Abflug empfunden hatte, in weite Ferne. Sie befand sich auf dem FL LH 2567 von Frankfurt-Kenia.

Nach einer stressigen Phase der Projektfertigstellung hatte sie ihr Single-Dasein damit belohnt, sich in Form eines FirstClass-Fluges nach Kenia einen Kindheitstraum zu erfüllen:

The Big Five in freier Wildbahn. Als Linchen hatte sie immer davon geträumt, die ganz großen und gefährlichen Tiere in freier Wildbahn zu erleben. Sie liebte TV-Sendungen wie „Expedition ins Tierreich", doch dieser Traum war wie eine Seifenblase in der Luft hängengeblieben, weil ihr Vater als Fliesenleger und ihre Mutter, ihres Zeichens Hausfrau, nicht die finanziellen Mittel aufbringen konnten, solche Urlaube zu buchen. Stattdessen ging es im Winter immer in das Lechtal, natürlich mit dem vollgepackten Auto, in dem Linchen stets so schlecht wurde, dass Papa alle 100 km anhalten musste, weil sie sich übergeben musste. Über den Straßenrand gebeugt, hatte sie sich dann die Seele aus dem Leib gekotzt. Seit damals war der Wunsch nach Afrika und Freiheit immer größer geworden. Doch ihr Job verschluckte dieses Ziel. Ein Kunstdruck hing zu Hause über dem Küchentisch, auf dem ein prachtvoller Elefantenbulle seinen Rüssel drohend in die Luft hob. Sie liebte Elefanten.

Apropos Elefanten: Die Frage nach einem Getränk holte Lina wieder in die Maschine zurück, die ruhig auf den Wolken tanzte. Der Elefant im Sitz gegenüber auf der anderen Seite des Ganges lehnte genussvoll, den Kopf nach hinten gelegt, in seinem Sitz. Der dicke Mann ließ sich einen Whiskey die Kehle hinabgleiten. Er hielt dabei seine Nase so hochgereckt wie der Elefant über Linas Esstisch. Sie beobachtete den Koloss und musste breit grinsen. Ja, er hatte was von ihrem Elefanten. Seine Augen öffneten sich und das lustige Blitzen in ihnen, als er sie anschaute, ließ sie schnell wegschauen.

„Ich liebe Whiskey!“, sagte Dumbo gut gelaunt in ihre Richtung.

Sie wischte kurz den Gedanken, seit wann denn Elefanten Whiskey lieben, beiseite und antwortete freundlich: „Ich kann Bränden nichts abgewinnen.“

„Nicht? Gut, es ist sicher Geschmackssache, aber dieses Gesöff hat so viel Seele. Das schmeckt man auf der Zunge und im Bauch.“ Er kuschelte sich wohlig in seinen breiten FirstClass-Sitz. Dabei tätschelte er seine üppige Rundung oberhalb seines Gürtels.

„Und ein gutes Bauchgefühl für sich und seine Umwelt ist eine wichtige Sache.“

Wieder dieses Glitzern in seinen Augen.

„Netter Kerl“, schmunzelte Lina. Nur leider so gar nicht ihr Typ. Er hatte recht. Ein gutes Bauchgefühl für sich selbst und seine Umwelt war elementar. Nur schien ihres auf Kriegsfuß mit ihr selbst zu stehen. Denn die Männer, die sie sich aussuchte, waren sehr oft Rohrkrepierer. Sie stand auf erfolgreiche Manager. Geschäftsleute in teuren Anzügen, mit ebensolchen Uhren und Fitnessstudiokörpern, denen man ansah, dass sie dafür geschaffen waren, Sex zu haben. Schweißtreibenden und direkten Sex.

Dumbo hingehen sah aus wie diese Kuschelfraktion, die sich erst tot kraulen lässt, bis sie selbst mal zur Sache kommt. Sich dabei diese Masse beim Sex in Bewegung vorzustellen, das war ein Bild, das sie schnellstmöglich aus ihrem Kopf bekommen wollte.

„Einen Rotwein, bitte!“

Die gut geschulte Stewardess war flink zur Stelle, und der Geschmack von schwarzen Kirschen breitete sich wohlwollend in ihrem Mund aus.

„Besser!"

„Der ist gar nicht mal schlecht, nicht wahr?"

Von vorne blickten sie zwei geheimnisvoll dunkle Augen an. Eine perfekte Frisur und ein markantes Kinn hingen an diesen Augen. Ihr Blick fiel auf das Handgelenk des Mannes, zu dem die Seelenspiegel gehörten. Nett! Maskulin und funktionell. Er stand auf und sie befand sich augenblicklich im Land des Kopfkinos – in Breitwand: Weißes, tailliertes Hemd, breite Schultern, schmale Hüften und eine Lässigkeit dabei, die sie umhaute. Mr. Right war da! Yes!

Er hockte sich zwischen Dumbo und ihr. Der Elefant grinste breit, als er bemerkte, dass Mr. Right seinen Frontalangriff startete, widmete sich dann jedoch lieber entspannt seinem Whiskey.

Lina befahl sich selbst, ruhig weiterzuatmen und sich das Kribbeln zwischen ihren Schenkeln nicht anmerken zu lassen. Mr. Rights Hand schob sich ihr höflich entgegen.

„Marcus Schöffe! Auf einem Job-Flug nach Kenia. Mit wem habe ich das Vergnügen?"

„Llllina. Lina Hoffenstein."

Er nahm ihre Hand und hauchte einen galanten Kuss auf ihren Handrücken. Sein Atem streichelte dabei ihre empfindliche Haut und Linas Kribbeln verwandelte sich in ein Ziehen.

„Ruhe da unten!", schimpfte sie in Gedanken mit ihrer Schnecke. „Noch ist hier nichts klar."

„Fliegen Sie auch beruflich?",

Sein leichtes Brummeln in der Stimme ließ ihre Nippel hart werden. Sie liebte eine gute Stimme. Schlechte Stimmen hatten dieses Brummeln nicht. Schlechte Stimmen waren hektisch und hoch.

„Nein, ich habe eine Safari gebucht. Ein Kindheitstraum."

„Da haben sie sicher wenig an, nicht war? Man

schwitzt doch ungemein dabei."

Wieder dieses Grinsen.

Ein lautes Wiehern störte die Spannung. Dumbo verschluckte sich bei dem Versuch, zu lachen, während er trank. Erdbebengleich hustete er los.

Dabei prustete er in Linas Richtung und zwinkerte ihr jungenhaft zu.

Er lachte über Marcus! Sie war fassungslos. Was mischte er sich ein?! So ein Idiot!

Marcus schien sich nun auch gestört zu fühlen.

„Ich besuche Sie nachher noch einmal, wenn es dunkel ist. Wenn alle schlafen. Dann haben wir mehr Ruhe für unser „Gespräch"."

Dabei zwinkerte er ihr zu. Lina schluckte. Okay, er hatte es geschafft, die Spannung war aufgebaut. Was er sich wohl unter „Gespräch" vorstellte?

Wieder dieser Handkuss, diesmal jedoch hielt er ihre Hand bewusst länger fest und zwinkerte ihr erneut geheimnisvoll zu. Auf seinem Platz nahm er sich die Financial Times und verschwand im Buchstabenland.

Sie schaute auf die Uhr: 23:30 Uhr. Zeit, den Flug zu verschlafen.

Die erste Klasse war wundervoll. Sie verwandelte ihren Sitz in ein bequemes Bett, kuschelte sich in die Decke ein und zog sich die Dunkelheit in Form einer Schlafmaske über die Augen. Gute Nacht, Welt!

Sie schreckte auf. Ihre Decke hatte sich bewegt! Wie schade, denn in ihrem Traum wälzte sie sich gerade mit Mr. Right in einem komfortablen Zelt bei nassem Sex über den Boden.

Da, wieder!!! Ihre Decke hob sich leicht an im Hüftbereich. Sie griff zu ihrer Schlafmaske, doch da hielt eine Hand ihr Handgelenk fest.

„Shhhhhhhhhht!"

Sie spürte Atem an ihrem Ohr. Dann sog sie einen maskulinen Duft von Mann ein.

„Stillhalten. Lass die Maske auf!“

Die Stimme war ein leises Flüstern, aber sofort erkannte sie das leichte Unterbrummen. Soso, er besuchte sie also wie versprochen, um das „Gespräch“ fortzuführen. Sich wohlig räkelnd, schmunzelte sie. Gerade wollte sie etwas erwidern, als sich seine Hand sanft über ihren Mund legte.

„Shhhhhhht, hatte ich gesagt. Entspann dich, Prinzessin.“

Die Stimme verschwand. Eine herrliche Ruhe breitete sich in ihr aus. Ihr Kopfkino sprang an. Mr. Rights Hand war nun unter der Decke. Langsam schob er einen Finger unter den Saum ihres Tanktops. Sie hatte vor dem Flug auf der Flughafentoilette ihren BH ausgezogen. Das entdeckte auch Mr. Right: „Das hast du gut gemacht, Lina!“, brummte er sanft flüsternd in ihr Ohr.

Langsam umschlossen seine Finger ihre Nippel. Er nahm sie zwischen Daumen und Zeigefinger und massierte sie langsam. Lina stöhne leise auf. Sofort zogen sich Marcus‘ Finger zurück. Schnell griff er die Seiten ihres Slips, zog ihn mit einer Bewegung die Beine hinunter bis zu dem Füßen. Sie strampelte das Stück Stoff weg.

Eine kurze Sekunde  tat sich nichts. Doch dann stopfte er zart den Slip in ihren Mund.

„Du musst leise sein, Prinzessin, sonst kann ich nicht weitermachen. Oder willst du, dass ich aufhöre?“

Schnell schüttelte sie den Kopf. Nein!!! Nicht aufhören!, schrie sie innerlich. Nicht jetzt!

Die Hand war wieder an ihren Nippeln. Sie wollte stöhnen, aber der Slip ließ ihre Laute ersticken.

Er war ein Sexgott! Er spielte mit ihrem Körper und ihren Reaktionen. Seine Finger streichelten ihr Gesicht. Er schien sie genau zu beobachten, denn als er um ihren Hals griff und sie sich leicht aufbäumte, verstärkte er sofort den Druck. Ein Gefühl, überwältigt zu werden, machte sich in ihr bereit. Sie ließ sich treiben. Was, wenn die Stewardess etwas bemerkte? Ach ... er würde schon aufpassen, dass niemand etwas mitbekam. Würde er??? Während die Hand ihr leicht die Luft nahm, begann er ihre Klitoris zu reiben. Anscheinend hatte er zuvor seinen Finger vollgespuckt, denn er glitschte förmlich über ihre harte Perle, was ihr den Verstand raubte. Ihr Becken schob sich ihm entgegen. Dabei wurde er langsamer. Sie legte ihr Becken ab und seine Bewegungen wurden schneller. Dieser Mistkerl!!! Er steuerte ihr gemeinsames Boot der Lust. Abermals hob sich ihr Becken an. Seine Bewegung wurde noch langsamer. In dem Augenblick, als sie ihr Becken artig ablegte, damit er wieder an Fahrt gewinnen würde, drang er mit nassen Fingern in sie ein. Sie wollte schreien, aber der Slip in ihrem Mund ermahnte sie, leise zu sein. Innerlich lief sie Amok. Ein Amok der Lust. Meine Güte! Er zeigte ihr, wie man sie berühren musste. Sie war so froh, in diesem Flieger zu sitzen und ihn getroffen zu haben. Die Finger zogen sich rasch zurück. Sie lauschte und hörte, wie er auf diese spuckte, um sich dann wieder sanft, aber bestimmt ihren Weg zu bahnen. Die Hand um ihren Hals legte sich nun auf ihren Mund und nahm ihr den Atem. Der mangelnde Sauerstoff ließ sie panisch werden und ihren Körper Adrenalin ausschütten.

„Lass los, Prinzessin! Lass dich treiben! Ich gebe auf dich acht. Du bist sicher bei mir."

Lina ließ los, in ihrem Kopf rauschte es. Wie Wellen, die an den Strand jagen. Seine Finger, die sie penetrierten, die Hand, die ihr den Atem nahm. Bei all dem fühlte sie sich sicher.

Als sie kam, bäumte sie sich auf. Sie biss in seinen Handballen, um ihre Lust umzuleiten. Seine Hand, die Mund und Nase einschloss, ließ los und drückte ihren Körper auf den Sitz. Sie schwitzte, weil die Fleecedecke einen Hitzestau produzierte.

„Du bist wundervoll, Prinzessin."

Sanft zog er den Slip aus ihrem Mund. Er schob ihr die Hose, die unter ihrem Sitz gelegen hatte, unter ihre Decke. „Du musst ja etwas anziehen, wenn wir landen.

Wie gesagt, ich kümmere mich um dich, Prinzessin. Ich passe auf dich auf."

Dann war Stille.

Ein paar Minuten lang lauschte sie, noch völlig gefangen in den Nachwehen dieses Erlebnisses. Sanft schlummerte sie wieder ein. Die störende Ansage der Flugbegleiterin entriss ihr den nassen Traum: „Meine Damen und Herren, wir befinden uns im Landeanflug. Bitte stellen Sie Ihre Rückenlehnen aufrecht und schnallen Sie sich wieder an."

Das Licht blendete Lina, als sie die Maske abnahm. Schnell schlüpfte sie in die Leinenhose, die Mr. Right ihr unter die Decke gelegt hatte. Sie fühlte sich herrlich entspannt, einfach wohl in ihrer Haut. Das war gut gewesen. Sehr gut. Wertschätzung pur.

Ihr Blick wanderte zu Marcus, der ihr verschwörerisch zuzwinkerte. Toller Mann! Unglaubliches Gefühl für sie. Jetzt musste sie nur noch herausfinden, wo er sich denn genau in Kenia aufhielt. Dann war der Urlaub geritzt.

Dumbo gähnte neben ihr laut und schmatzte sich in den Tag.

„Ahhhhhh, das hat gut getan."

Höflich lächelte sie ihm zu.

„Guten Morgen."

Der dicke Kerl schaute sie an: „Und wo bleiben Sie in Kenia, Lina, richtig?"

„Ich mache eine Safari. Das geht in der Sunrise Lodge los. Ich will mir die Tiere Afrikas anschauen. Ein Kindheitstraum."

Mr. Right zog Grimassen Richtung Dumbo. Rollte genervt mit den Augen. Lina verkniff sich ein Kichern. Wenn der dicke Mann wüsste!

„Na, das nenne ich mal einen Zufall!", konterte Dumbo. „Da bin ich auch. Ich wollte das auch immer schon sehen. Aber aus irgendeinem Grund kam immer etwas dazwischen. In meiner Kindheit hatten wir kein Geld dafür. Als Erwachsener hab ich mir nie die Zeit genommen. Bis jetzt."

Das kannte sie zu gut. So war es ja auch bei ihr gewesen.

Nun hatte sie also Dumbo an der Backe. Na klasse! Ein dicker Mann in Afrika, ständig an ihrer Seite. Prost Mahlzeit!

Marcus war gerade sehr mit seinen Koffern beschäftigt. Hatte keinen Blick für sie. So schnell legte sich also sein Interesse. Klassisch für diesen Männertyp. Na, besser jetzt als wenn sie ihr kleines Herz verlor.

Sie griff nach oben, um ihren Bordkoffer herunterzuhieven. Da schob Dumbo sanft, aber bestimmt ihre Hand beiseite.

„Ich kümmere mich darum."

Irgendetwas regte sich in ihr. Ein warmes, vertrautes Gefühl. Wohligkeit. Und ein Kribbeln machte sich zwischen ihren Schenkeln breit. Sie schaute kurz zu Marcus. Registrierte, dass er sich weiterhin mit Handy und Gepäck beschäftigte.

„Lina?",

Dumbo holte sich ihre Aufmerksamkeit zurück. Sie blickte ihm direkt in seine warmen Augen. Sein maskuliner Duft, der in ihr sofort die Bilder der letzten Nacht hervorholte, bahnte sich den Weg in ihre Nase. Und mit einem sanften Brummeln in der Stimme flüsterte er in ihr Ohr: „Lass mich das machen. Willkommen in Afrika. Ich heiße Holger und ich kümmere mich um dich, Prinzessin!"

## Die Fesseln

Auf ihren roten Lackheels, in engem schwarzen Satinrock stand sie vor ihm. Er liebte sie. Von ganzem Herzen. Sie war sein Fixstern, seine Göttin, seine Herrin und ... seine Ehefrau.

Vor Ewigkeiten hatte er Mut gefasst, sich ihr zu nähern. Doch wer war er schon gewesen? Ein Stück Mann, das ja keine Ahnung gehabt hatte, wie sehr er dieser Frau verfallen würde. Ein Mann, der die Regeln im Umgang mit einer Lady neu erlernen musste und sich ihre Gunst hart erarbeiten würde. Ein Kerl, der Respekt und Achtsamkeit Frauen gegenüber nun in seinem Leben verankern würde. Und bei allem dennoch ein starker Mann blieb. Oder sogar dadurch erst zu einem wurde.

Sie war seine Herrin und er ihr Sklave. Ihr unerzogenes submissives Spielzeug. Liebevoll nannte sie ihn ihre „kleine Kellerassel", wenn er auf dem Boden kniend große Tränen der Reue weinte, nachdem sie ihn hart hatte bestrafen müssen für seine Vergehen. Anschließend durfte er, das Gesicht auf ihrem herrlichen Schoß liegend, zur Ruhe kommen.

Im Geschäft war er immer der Starke und Führende gewesen. Seine wahre Bestimmung war jedoch eine völlig andere.

Er hatte zaghaft ihre Aufmerksamkeit gewonnen, Geduld geübt und sich langsam Schritt für Schritt genähert. Bis sie ihn lieb gewonnen hatte, ihn irgendwann liebte. Die Hochzeit war fulminant gewesen, denn diese Frau verdiente einfach den Himmel auf Erden. Er trug sie auf Händen und sie gab es ihm tausendfach zurück.

Doch heute war irgendetwas anders. Es lag ein Vibrieren in der Luft. Sein sehnlichster Wunsch war über all die Jahre hinweg, ihr vollkommen ausgeliefert zu sein. Fixiert. Gefesselt. Ohne jegliche Kontrolle. Dies hatte sie ihm bisher verwehrt.

„Du bist noch nicht so weit“, hatte sie ihm immer gesagt.

Er vertraute ihr. Wenn jemand wusste, wann er bereit war, dann sie.

Heute schaute sie ihn liebevoll an.

„Du hast dir in der letzten Zeit große Mühe gegeben, mein Kleiner.“

Er wollte nicken, aber ließ es besser, denn sie hasste nichts mehr, als wenn man sie bestätigte oder in ihrem Redefluss unterbrach. Sie sagte, er habe sich gut betragen. Ihr sehr viel Freude bereitet. Ein kleines Flackern des Stolzes stieg in ihm empor und leuchtete sie durch seine Augen an.

„Und deshalb hast du dir heute etwas Besonderes verdient. Die letzten Jahre habe ich vor allem damit verbracht, dir den Respekt vor einer Frau beizubringen. Du bist durch eine harte Schule gegangen. Warst immer tapfer für mich. Egal, was ich gefordert hab. Dafür wirst du heute eine besondere Belohnung empfangen.“

Sein Atem ging schneller. Ob sie sich erinnerte, dass er ihr einmal in einem schwachen Moment gestanden hatte, sich nichts sehnlicher zu wünschen, als gefesselt zu werden und somit ihrer Gunst vollkommen ausgeliefert zu sein?

Ulrike drückte ihm einen kleinen Kuss auf die Nase. Schmunzelte ihn an. „Es scheint, du kannst Gedanken lesen, mein Kleiner.“

Sanft legte sie ihm sein Halsband um. Band darüber den leichten Sommerschal, damit die Nachbarn ihr kleines intimes Geheimnis nicht lüfteten. Die wunderten sich nur über seine extreme Höflichkeit. Aber stellten keine Fragen.

Draußen schnupperte die Göttin die Luft. „Wie herrlich. Es wird Sommer ... Ein guter Abend für ein besonderes Erlebnis. Komm."

Sie stiegen in den Wagen. Diesmal war der Beifahrersitz sein Platz. Drinnen sitzend, schaute er sie überrascht an. Sonst fuhr er doch immer als ihr Chauffeur? Klaus war irritiert.
Seine Göttin schmunzelte. Dann reichte sie ihm eine lederne Augenmaske herüber.

„Zieh sie an!"

Ihr Ton war eine Mischung aus Übermut und Bestimmtheit. Was hatte sie bloß vor? Er vertraute ihr zutiefst, und so fand die Maske ihren vorgesehenen Platz und Klaus den Weg in die Dunkelheit.

Die Fahrt schien endlos. Wenn man keine vorbeirauschenden Bäume, Städte und Straßen sehen kann, verliert man das Zeitgefühl. Den Musikstücken zufolge, die während der Fahrt, waren es geschätzte zwei Stunden. Zwei Stunden, in denen er vollkommen gerade sitzend schwieg.

Der Wagen kam zum Stillstand. Mit klackernden Absätzen ging Madame um das Auto. Warum öffnete sie nicht?

Er erschrak, so schnell wurde die Tür aufgerissen. Kräftige Hände packten ihn grob und führten ihn pfeilgeschwind in ein Haus hinein. Stolpernd fragte er sich, wo er war. Da er das Sehen verloren hatte, waren die anderen Sinne schärfer. Gerade als er genauer hinhorchen wollte, wer ihn da ins Haus gezerrt hatte und ob seine Göttin noch dabei war, wurde es still um ihn. Etwas wurde ihm auf die Ohren gesetzt, das verhinderte, dass auch nur ein Ton den Weg in sein Innerstes fand. Er hatte plötzlich Angst. Das sollte eine Belohnung sein? Doch neben dem Schweiß, der sich in seinem Nacken bildete, pulsierte es nun in seinem Schritt. Der Kontrollverlust war übermächtig.

Dann ließen alle Hände von ihm ab. Stille und Dunkelheit umfing ihn. Er schwankte ein wenig, weil die Ohren ihm nicht beim Gleichgewicht-Halten helfen konnten. Alles schien zweidimensional. Nervös streckte er die Hände nach vorne aus, als ein schneidender Schmerz ihm klar machte, dass diese dort nichts zu suchen hatten. Leichte Panik stieg in ihm auf, aber ihm wurde bewusst, dass er einen solchen Hieb schon einmal erhalten hatte. Von dem Menschen, der ihm am meisten bedeutete: von seiner Gebieterin.

Die nächste Berührung, die erfolgte, waren ihre Fingerspitzen, die sich in seinen Mund begaben. Seine Lippen machtvoll teilten, um sich Einlass zu verschaffen in seinen Körper. Erniedrigung war eine starke Waffe in ihrer Hand.

Doch er wusste: Sie war da. Er war sicher. Alles war gut. Tief durchatmend, versuchte er sich zu entspannen. Doch die Stille und die Lautlosigkeit verschärften seinen Geruchs-, Geschmacks- und Tastsinn. Alles schien gläserner und schärfer zu schmecken, zu riechen. Selbst seine Haut war sensibler.

Klaus war in seiner eigenen Welt. In einer Welt, zu der nur eine Person Zugang hatte. Seine Göttin.

Was tat sie da? Etwas Kühles wurde vorsichtig auf seinem Körper angesetzt. Oh nein!! Sie schnitt sein Hemd auf. Ein Messer? Er wusste es nicht. Der Mantel war im Auto geblieben. Wenn er jetzt zuckte ...! Er versuchte, seinen Atem zu beherrschen, der immer heftiger hinein- und hinausfloss. Stillhalten!

Sie liebte seine Angst, und er konnte sich nur vorstellen, wie ihre wundervoll gütigen, manchmal auch vor Zorn schneidenden Augen ihn nun gierig betrachteten.

Lust stieg in ihm hoch. Diese vollkommen irrationale Lust, die nur diese spezielle Mischung aus Angst und alles erfüllender Liebe in ihm hervorrufen konnte. Er beugte sich nach vorne, um ihr nah zu sein, als eine schallende

Ohrfeige ihre Ablehnung seines Verhaltens unterstrich.

Erschrocken zuckte er zurück, einen weiteren Schlag erwartend. Anspannung nahm von ihm Besitz. Doch dieser Schlag kam nicht. Statt dessen schob sie ihn mit sanftem Druck rückwärts, bis sein Hintern gegen ein Möbelstück stieß. Der Druck auf seiner Brust verstärkte sich. Das Gleichgewicht suchend, griff er panisch nach hinten an das Möbel, doch ihr Körper drängte sich weiter gegen seinen. Der wunderbare Duft seiner Gebieterin umfing ihn. Sein Gleichgewicht verabschiedete sich. Taumelnd fiel er nach hinten. Landete auf einer gepolsterten Unterlage. Fühlte Leder unter sich. Sein Blut pochte in den Adern. Zwei starke Männerhände griffen von hinten unter seine Arme. Zogen ihn weiter auf das Möbel. Klaus' restliche Sinne arbeiteten auf Hochtouren. Er spürte glattes Leder, so breit wie seine Hüften. Rechts und links war der Abgrund. Eine Liege. Nun wurde es ihm klar.

Dann geschah ... nichts. War er alleine? Nein! Der Stoff, der seine Hand streifte, gehörte seiner Göttin. Glatter Satin. Ihre Hüfte glitt an seiner Seite entlang.

Ihre Hand griff zart, aber dennoch bestimmt um sein Handgelenk. Etwas legte sich darum. Und dann spürte er, wie dieses Etwas von ihr verschlossen wurde. Eine Handfessel. Sie zog sie eng zu. Das Gleiche geschah mit seinem anderen Handgelenk.

Wie sehr er sich danach gesehnt hatte: fest und unbarmherzig unterworfen zu werden. Ihm komplett die Freiheit rauben. Ihn an sich binden. Kein Entkommen. Kontrolle abzugeben war für ihn zu Beginn die härteste Aufgabe gewesen. Das hier war sein Beweis, dass er ihr im wahrsten Sinne des Wortes blind vertraute. Nun war sie an seinem Fuß, zog ihm die ledernen Schuhe und Strümpfe aus und legte auch hier jeweils eine Lederfessel um den Knöchel. Er sog die Enge des Leders, das sich mit der Hitze seiner Haut verband, in sich hinein. Dieses Gefängnis war ein Geschenk. Klare Grenzen. Schenkte ihm

Halt in der Dunkelheit. In der unbarmherzigen stummen Welt, in der er schwerelos schwebte. Klarheit machte sich in ihm breit und sengende Hitze.

Dann ein metallisches Klacken. Erst an den Handfesseln, danach an den Füßen. Ihm wurde bewusst, dass er ihr vollkommen ausgeliefert war. Ihre Hand befreite seinen Schwanz. IHREN Schwanz! Sie begann ihn kraftvoll zu massieren. Egal, was sie tun wollte, es war keine Gegenwehr möglich. Er spürte, wie seine Arme und Beine festgehalten wurden. Waren das Ketten? Klaus zog an den Hand- und Fußfesseln. Er hatte keinen halben Zentimeter Spielraum. Ulrike spielte weiter an ihm, und er war kurz davor, sich zu ergießen. Wer war dort noch mit im Raum? Hatten sie Zuschauer?

Was geschah nun mit ihm? Welchen perfiden Plan verfolgte sie? Doch letztendlich war es ihm egal. Sie würde auf ihn aufpassen. Ihn vielleicht über seine Grenzen hinwegkatapultieren. Die Klippe hinabstürzen. Er wusste, dass sie dort unten stehen würde, um ihn butterweich aufzufangen.

Jemand rieb ihm die Brust mit einer Paste ein. Schmierig. Er stellte sich hunderte von Fragen, aber hatte keine einzige Antwort. Und dann kam der Schmerz. Schneidend und vibrierend bohrte er sich in seine Brust hinein. Er spürte es auch an seiner Kopfhaut, in seinem Schwanz. Klaus explodierte. Und spürte, dass der Mund seiner Gebieterin seinen Samen in sich aufnahm, während in der tonlosen Dunkelheit der Schmerz in seiner Brust kein Ende nahm. Vorbei.

Jemand wischte über die schmerzende Stelle.

Der Schmerz verabschiedete sich wie ein guter Freund. Sie würden sich wiedersehen.

Klaus schwitze. Weinte. Konnte sich kein Bild davon machen, was geschehen war. Er war außer sich und butter-weich. Nur die sanften Lippen seiner Herrin, die ihm jetzt zärtlich die Stirn und den Mund versüßten, ihn erneut belohnten, brachten ihn zur Ruhe.

Er ging mit ihr seinen persönlichen erotischen Weg durch die Hölle. Zerrte dann an den Fesseln.

Doch was tat er da? Hielt er für sie durch wie ein Mann? Er wollte sie doch stolz machen, tapfer für sie sein. Klaus begann, langsamer zu atmen. Er beruhigte sich. Die Tränen versiegten unter seiner Maske. Dann wurde ihm das Hören wieder geschenkt.

Die Stimme seiner Göttin sprach zu ihm.

„Shhhhhhhhhht ... Shhhhhhhht, mein wunderbarer Sklave. Es ist fast vorbei. Aber du zappelst viel zu sehr. Ich kann die Fesseln so nicht öffnen."

Die Augenbinde wurde ihm abgenommen. Seine Augen mussten sich erst wieder an das Licht gewöhnen. Über ihm stand sie. Engelsgleich und wunderschön. Sie lächelte ihn an. Löste sanft die Fesseln. Klaus rieb sich die Handgelenke.

„Schau! Du tapferes Stück Mann!", sagte sie.

Ulrike hielt ihm lächelnd und mit Tränen in den Augen einen Spiegel hin, in dem sich das Spiegelbild seiner Brust zeigte. Nun verstand er. Wie sehr er sie doch liebte. Stolz strahlte gleißend hell in ihm auf.

Über seinem Herzen prangte eine Tätowierung. Sie hatte ihn gekennzeichnet. Zu ihrem Besitz gemacht. Denn die Buchstaben auf seinem Herzen, die er las, sprachen ihre eigene klare Sprache: „Eigentum von Herrin Ulrike. Für immer."

# Der Arztbesuch

Na klasse! Zwanzig Zentimeter Infusions-Nadel steckten nun tief in ihrem Lendenwirbel. Es tat höllisch weh. Sie fragte sich, womit sie diesen Dreck eigentlich verdient hatte. Fünfzehn Jahre Leistungssport sollten eigentlich dafür gesorgt haben, dass Bandscheibenvorfälle einen weiten Bogen um sie herum machten. Aber nein, da war er, das garstige Ding. Von jetzt auf gleich kam er angeflogen. Seit einigen Wochen hatte sie starke Schmerzen. Dazu noch dieses unangenehme Taubheitsgefühl, welches sich bis in ihre Zehen vorarbeitete. Wir sie es hasste! Ab einem bestimmten Alter war man wohl vor nichts mehr sicher. Graue Haare, Krähenfüße und nun hatte sich auch noch der Bandscheibenvorfall hinzugesellt. Willkommen im Club! Bald kamen sicher auch die Wechseljahre. Heilige Scheiße!

Ihre Freundin Wibke hatte Susanne ihren Orthopäden empfohlen. Dummerweise war der circa anderthalb Autostunden entfernt ansässig. Wibke jedoch schwärmte derart eifrig von ihm, dass Susanne sich letztendlich überzeugen ließ, diese Fahrt auf sich zu nehmen. Er vollbringe Wunder und so weiter. Wibke tat äußerst verschwörerisch beim „usw.“. Er könne ihr ganz sicher auch auf anderen Gebieten seeeeeehr gut helfen. Warum sie dabei wie eine 17-Jährige vor sich hin kicherte, verstand Susanne allerdings nicht. Reparierte er nebenbei Waschmaschinen? Oder trug Colakästen in den vierten Stock? Klang ein wenig schlüpfrig, dieses Kichern. Hm ... Susanne wischte es weg. Hauptsache, die Schmerzen ließen endlich nach. Dafür würde sie auch bis zum Nordpol reisen.

Ihren ersten Gang in seine Praxis vollführte sie wie gewohnt auf ihren geliebten High Heels. Die Dinger blieben dran. Komme, was da wolle! Auch wenn es Krücken geben sollte. Als er sie aufrief, fiel ihr zuerst diese angenehme Stimme auf, die durch den Gang hallte. Sehr männlich. Mit einem weichen Timbre. Als sie in den Behandlungsraum eintrat und ihm zum ersten Mal in die Augen schaute, dachte sie: „Wibke, du kleine verruchte Wutz!“, denn ihr neuer Arzt entpuppte sich als maskuliner Traum. Gut durchtrainiert und zusätzlich ziemlich frech grinsend, als sein Blick auf ihre Schuhe fiel.

„So so, meine Liebe, ich denke, Sie haben Rückenschmerzen und ein Taubheitsgefühl in den Füßen. Es ist ziemlich verwegen, dann auch noch auf hohen Absätzen herumzustolzieren. Finden Sie nicht? Aber schick sind die Teile.“

Sie hätte ihm am liebsten eine Ohrfeige verpasst. Direkt in sein selbstgefälliges und anzügliches Grinsen hinein.

Die Untersuchung war dann sehr speziell für sie, denn seine Hände zauberten, auf ihrem Becken liegend, diese leichte Gänsehaut auf ihren Po.

„Ist Ihnen etwa kalt?“

Leicht amüsiert klang die Stimme hinter ihr.

Schon wieder dieses Grinsen – und das, obwohl die mütterlich wirkende Arzthelferin zugegen war. Diese drehte ihnen jedoch den breiten Rücken einer Frau zu, die in den Nachkriegsjahren dafür gesorgt hatte, dass Deutschland wieder aufgebaut worden war. Susanne räusperte sich.

Was fiel ihm bloß ein, so dreist zu sein?

Die Überweisung für das MRT in der Hand, verließ sie unter seinem anzüglichen Feixen die Praxis.

Nach dem MRT-Besuch und seinem Blick auf die Aufnahmen war die Diagnose schnell klar: Bandscheibenvorfall im Lendenwirbelbereich. Er beorderte sie deshalb ins Krankenhaus, wo er ambulant eine Infiltration der Wirbel vornehmen wollte. Na klasse!!! Noch mehr Schmerzen! Herzlichen Dank, Herr Doktor! Da konnte er so anzüglich und sexy grinsen, wie er wollte. DAS gab ganz klar Abzug in der B-Note!

Ihr Blick auf das Bild des Röntgengeräts holte sie in die unbarmherzige Realität zurück. Sie lag auf dem OP-Tisch, wo Michael, ihr neuer Orthopäde, sie zentimetergenau platziert hatte. Ihr Becken lag auf einer dieser dämlichen Unterlegrollen, die ihren Po und damit auch das Becken so anhoben, dass die Nadel leichtes Spiel hatte, den richtigen Weg zu finden. Die zwanzig Zentimeter lange Nadel wurde fachgerecht am Nerv im Lendenwirbel positioniert. So die medizinische Theorie. Das reale Leben schrie jedoch mehrfach auf. Es tat höllisch weh. Tränen füllten Susannes Augen, sie stöhnte laut auf. Er schickte noch ein „Gleich ist das Mittel drin!“ aus dem Off. Ein elektrischer Schlag fuhr ihr bis in die Zehen und ihr Bein schlug unkontrolliert aus. Tränen tropften auf ihre Nasenflügel und sie jammerte den Schmerz lauthals weg.

Michaels Gesicht erschien neben ihr. Er tupfte die Tränen mitfühlend weg. „He, ... geht es wieder?“

Susanne zog die Nase tapfer nickend hoch und nickte tapfer. „Ja, es ist ja vorbei!“

„Gut!“, brummte sein Timbre. Dann grinste er sie an: „Deine Geräuschkulisse klingt eher nach einem erotischen Intermezzo als nach einer OP.“

„Ich reiße dir gleich deinen trainierten Knackarsch auf!“, dachte sie. Die Bilder in ihrem Kopf zeigten in Breitwand, wie sie IHM die Nadel gefühlvoll in die Harnröhre schob, während er sich nicht traute, sich zu bewegen. Sämtliche Foltermethoden aus dem Mittelalter fielen ihr ein, die sie nach dieser Behandlung alle an ihm ausprobieren würde. Und dabei wäre das Vierteilen noch das Harmloseste.

„Okay, Susanne, du hast es geschafft!“„

Seine dunkle und zugegebenermaßen sehr erotische Stimme klang wie die Erlösung. Endlich!!!

„Das Medikament ist platziert.“, sagte er.

Sie wartete darauf, dass diese blöde Scheißnadel wieder den Weg aus ihr herausfand. Es tat so weh. Wenn sie das gewusst hätte, hätte sie sich ins Wachkoma beamen lassen. Aber es half ja nichts. Jetzt wartete sie überaus geduldig auf den Abschluss der Prozedur. Endlich. Gleich war sie erlöst. Doch ... nichts geschah. Zuerst schaute sie auf das Röntgenbild, wo sie die Kanüle wie in einem Horrorfilm klar und deutlich sah. Zu realisieren, dass das Teil wirklich in ihr versenkt war, gab der Situation irgendwie noch mal was Brutaleres. Sie räusperte sich. Hatte er sie eben geDUzt??? Das konnte sie auch!

„Ähm, ... ziehst du die Nadel jetzt BITTE!!! raus?“

Stille. Susanne hob den Kopf leicht an.

„Huch, ich kann ja auf dem Röntgenbild sogar meine Spirale sehen.“, flitzte durch ihre Hirnwindungen. Doch alles, was sie dann sah, war das breite Grinsen, dass die beiden dunklen und extrem schönen Augen, die direkt vor ihr auftauchten, in ihre Richtung schickten. Mehr sah sie nicht von dem Kerl, denn der Mundschutz verbarg den Rest Mann.

„Nein.“

Sie schaute ihn ungläubig an. „Was? Wie ‚nein‘? WARUM?“

Er schaute erst in ihre Augen und dann auf ihren kleinen Apfelarsch, der da inklusive. der Injektionsspritze freudig in die Höhe ragte.

„Ehrlich gesagt, mir gefällt der Anblick sehr, der sich mir da gerade bietet!“

Die beiden Augen grinsten immer noch. Sie war sprachlos.

„Du bist gerade komplett wehrlos, meine liebe Susanne.“ Wieder dieses dreiste Grinsen.

Okay, sie hatte mit ihm während der Untersuchungen hemmungslos geflirtet. Welche Frau, die im Besitz ihrer weiblichen Rezeptoren war, hätte diesen Mann nicht angeflirtet? Aber DAS hatte sie nicht damit hervorrufen wollen. Sie wusste ja bei allem, dass er ihr Arzt war. Mit dem durfte man ruhig flirten. Oder? So wie mit dem Lehrer oder Anwalt. Das durfte man. Diese Spezies waren doch immun dagegen. Tabu für alle weiteren Dinge. Resistent.

Konnte ja nichts passieren. Hatte sie bis jetzt gedacht! Sie schluckte. Blöderweise fand ihre Schnecke an dem Gedanken, ihm ausgeliefert zu sein, spontanen Gefallen, und so langsam breitete sich ein mehr als angenehmes Kribbeln und eine verräterische Nässe zwischen ihren Schenkeln aus. Bitte nicht! Sei ruhig, du dummes nasses Ding! Klappe!

Sie WAR komplett wehrlos, daran bestand kein Zweifel. Und genau das kickte sie! Meine Güte!

„Wenn ich du wäre, würde ich jetzt mucksmäuschenstill halten. Die Nadel soll doch dort bleiben, wo sie gerade steckt, nicht wahr?"„

Schweiß begann sich auf ihren Schläfen auszubreiten, wie ein leichter Nebel. Das hatte sie jetzt davon. Er sah extrem gut aus, und ja  doch, sie hatte sich heute zugegebenerweise besonders hübsche Halterlose und auch die pink-schwarze Pornowäsche aus dem Schrank gekramt, um ihm erotisches Futter zu geben. Wer kann schon bei solch einem Mann seine Hormone in Schach halten? Sie nicht. Keinesfalls. Und langsam dämmerte ihr, dass ihre Freundin Wibke das auch nicht gekonnt hatte. Fuck! Aber es hatte doch nur ein Flirt sein sollen.

Bei dem Gedankengang fühlte sie plötzlich seine Hand sacht über ihren Po gleiten: „Nicht bewegen, Susanne. Das ist ganz wichtig. Hör gut auf deinen Arzt! Der Onkel Doktor meint es gut mit dir."

Sie versuchte ruhig zu bleiben. „Oje!"
Das hier war ja vollkommen krank. Auf der einen Seite

war das ihr Arzt, wo sie sicherer nicht sein konnte, und auf der anderen Seite war er gerade der Mann, dem es vollkommen egal war, ob ihr diese besondere Behandlung gefiel oder nicht. Verrückt. Seine Hände gingen auf Wanderschaft. Langsam strich er über ihre Haut, zog kleine Kreise auf ihrem Po. Sie betete, dass ihm diese Genugtuung reichte. Tat es aber nicht. Denn sie spürte, wie er den Ansatz ihres Prachtarsches nachzog, auch dort, wo er in ihre Schenkel überging. Sie schmatzte und das war nicht ihr Mund. Ihre gierige Scham sprach ihre eigene Sprache. Susanne wünschte sich ein Loch, in das sie verschwinden konnte. Apropos Loch, das schmatzte weiter und leckte weiterhin. Die Nässe lief an der Innenseite ihrer Schenkel hinunter. Susanne schämte sich. Sie fühlte sich ertappt.

„Wie unangenehm für dich! Ich kann deine Lust hören und riechen!“

Sein warmer Atem strich ihr über die Ritze ihrer beiden prallen Backen. Er schnupperte hörbar, sog ihren Duft in sich auf.

„Hmmmmmmmm!!!“

Dann hörte er urplötzlich auf. Sie zog schneidend und gleichzeitig erleichtert die Luft ein. Einfach nicht bewegen. Das verlangte ihr jegliche Disziplin ab. Ein Sturm kam in ihr auf. Ein Sturm, ein Orkan, der die pure Gier auf den arroganten Kerl und den puren Hass hin- und herpeitschen ließ.

Die Stille umfing sie. Keine Berührung, kein Wort. Eine Sekunde, zwei ... zehn Sekunden und dann drang er mit seiner in Latex gehüllten Hand mit einer gleitenden Bewegung in ihre nasse Spalte ein. Gleichzeitig drückte er ihr Becken, wie in einen Schraubstock geklemmt, in eine Position, aus der sie sich nicht wegbewegen durfte. Sie zuckte zusammen. Das war aber auch alles, denn die Nadel nagelte sie dort fest, wo sie war.

„Stillhalten, Weib!“

Was blieb ihr auch anderes übrig? Die Nadel war dort,

wo sie war und fixierte sie auf eine Art und Weise, wie sie es nie für möglich gehalten hätte.

Ein Schauer durchdrang sie. Sie stöhnte auf, als er begann, sich langsam in ihr zu bewegen. Was tat er da? Er schien sich auf die Suche zu begeben – nach ihrem wunden Punkt, bei dem sie sich nicht zurückhalten konnte. Ihre Augen schlossen sich und sie gab sich dem Unausweichlichen hin. Er fand den besagten Punkt und begann, ihn zu massieren. Schob dabei einen Finger nach dem anderen in sie, bis er seine gesamte Faust in ihr versenkt hatte. Die Dehnung raubte ihr ihren eh schon an der Behandlungstür abgegebenen Verstand. Susanne gab auf. Sie ließ los. Badete sich in dem Gefühl des Ausgeliefertseins und der Unausweichlichkeit.

„Genieß es!“

Sie schloss die Augen und gab sich hin, fiel in eine bodenlose, watteweiche und zugleich brutale Welt hinein. Er trieb sie weiter mit seiner Faust. Sie spürte den Drang, Wasser zu lassen, einen Druck, den sie so gut kannte, der ihr aber davon erzählte, dass sie gleich abspritzen würde. Er trieb sie weiter und weiter, bis zu dem Punkt, an dem sie sich wie ein Sturzbach ergoss und endlich die verdiente Entspannung fand.

Ihr Körper zitterte. Die Beiläufigkeit, mit der er die Nadel aus ihr herauszog, holte sie in die Realität zurück.

Er setzte sie auf die Liege auf und schaute sie ohne Mundschutz nun mitfühlend an.

„Alles okay. Was macht der Kreislauf?“ Er lächelte sanft.

Die Knie zitterten, und sie fragte sich, ob dies der besonderen oder der medizinischen Behandlung geschuldet war.

„Ich brauche noch eine Minute.“

Da saß er also, ihr Arzt. Lächelte sie an. „Du warst tapfer! Geh mal ein Stück. Es müsste jetzt besser gehen.“ Barfuß ging sie in ihren Halterlosen auf und ab. Die

Schmerzen waren tatsächlich weniger geworden.

„Besser."

„Hmmmm ... Ist der Schmerz ganz weg, oder ist es einfach besser?"

Sie horchte nochmal in sich hinein.

„Er ist noch da, aber schwach. Besser!"

Er nahm sie wie selbstverständlich bei der Hand, zog sie ein wenig näher an sich heran. Für einen Arzt ein paar Zentimeter zu nah.

„Gut, dann sehen wir uns nächste Woche wieder. Zur weiteren Behandlung."

# Der Wilde Westen

Die feinen Härchen auf der Innenseite ihrer gespreizten Schenkel glitzern in der untergehenden Abendsonne, die wohlig wärmend durch das Fenster scheint. Eine Nässe, die sich durch das Auf- und Abreiten ihrer wohlig schmatzenden Schnecke auf meinem erigierten Glied ausbreitet, reflektiert die Strahlen ebenfalls.

Ich bin gerade im Paradies und in der Hölle zugleich. Denn die Lady, die auf mir sitzt, ist nicht die, für die ich sie gehalten hatte.

Mein Name ist Left Hand Joe und ich bin ein berühmt-berüchtigter und per Steckbrief gesuchter Bankräuber. Wir schreiben das Jahr 1869. Der Wilde Westen.

Rauchende Colts. Die ersten Schienen der Metallrosse, wie die Indianer die Eisenbahnen nennen, durchziehen das weite und wilde Land. Hier sind Männer noch Männer. Kerle, die sich nehmen, was sie brauchen und hinterlassen, was Ballast ist. Die plündern, rauben, saufen und morden. Wahre Männer halt. Die testosterongeschwängerte Luft flimmert. Es gibt hier entweder einsame Stille oder das Kreischen von Pistolen und Gewehren, wenn auf den Straßen Duelle stattfinden.

Nach dem Banküberfall auf die South West Money Bank bin ich die letzten Wochen quer durch das Land geritten. Immer auf der Flucht vor den Kopfgeldjägern. Der eine oder andere von denen musste sein Leben in der Wüste lassen, wo die Geier sich seiner sterblichen Überreste annahmen. Asche zu Asche, Staub zu Staub. Halleluja!

Meinen Namen hab ich mir redlich verdient, denn mit der linken Hand ziehe ich den Revolver schneller als jeder andere in diesem gottverdammten Land. Deshalb blieb ich bisher verschont von Gefängnisstäben und miserablem Knastfraß.

Wenn ich in eine Stadt reite, verschließen die Menschen dort ihre Fensterläden. Ist auch besser so, denn sonst hole ich mir ihre Weiber und zeige ihnen, was ein ganzer Kerl ist. Die Männer, die abends in ihren Betten liegen, sind Memmen. Bekommen keinen hoch oder löschen das Licht, wenn es zur Sache geht. Ha! Ich bin da ganz anders. Ich will meine Beute sehen. Die wippenden Brüste und das willige Fleisch.

Nur heute Nacht, da laufen die Dinge irgendwie aus dem Ruder.

In West Wood City regierte ein Sheriff, der ebensowenig Eier hatte wie die Weicheier hinter den Vorhängen. Als ich den Saloon betrat, hörte die Musik mit einem Schlag auf. Die Schwingtür hinter mir wippte nach und mein Blick blieb an dem Mann mit dem Stern auf der Weste hängen. Breitbeinig ging ich direkt auf ihn zu und versetzte ihm mit meinem Colt einen Schlag auf den Schädel. Er hatte mich im Spiegel kommen sehen, doch niemand ist so schnell wie Left Hand Joe. Als er auf den Boden krachte, dröhnte meine Stimme durch den Saloon: „Es wird weitergefeiert. Jeder, der meint, einen seiner Stellvertreter holen zu wollen, macht Bekanntschaft mit meinem Revolver!"

Ich riss den Steckbrief, der mein zerfurchtes, maskulines Konterfei zeigte, von der Wand. Ein schlechter Zeichner. Noch nicht mal die Narbe, die ich mir im Kampf mit einem Büffel zugelegt hatte, war auf der richtigen Seite. Dem Bullen hatte ich letztendlich mit bloßen Händen das Genick gebrochen.

Ich grummelte Verächtliches in meinen Dreitagebart, als mir ein Duft in die Nase stieg, der betörender nicht sein konnte. Und ich sage euch: Es gibt nicht viel, das im Wilden Westen gut riecht.

„Darf ich?"

Ihre Stimme fuhr mir direkt dorthin, wo mein Colt

seinem besten Freund guten Tag sagt. Eine zarte Hand schnappte nach dem Steckbrief.

„Sieht dir gar nicht ähnlich, Fremder."

Ich griff ihr fest mit meinen Lederhandschuhen ums Handgelenk und zog sie mit Schwung vor mich. Grüne, blitzende Augen schauten mich erheitert an. Frech, die Kleine. Sie schloss die Augen und zog hörbar ihren Atem durch die Nase ein.

„Aber dein Steckbrief riecht besser als du. He, Adam! Schieb mal einen Bourbon rüber. Am besten die ganze Flasche!"

Adam setzte die Flasche auf dem dunklen Holztresen ab, stellte zwei Gläser daneben und schob sie schwungvoll zu uns herüber. Als die Flasche an uns vorbeirutschen wollte, griff die Kleine behände zu, kippte in die beiden Gläser das honigfarbene Gesöff und prostete mir zu: „Auf besser riechende Tage!"

Das Glas leerte sie auf ex. Ich war erstaunt. Was für ein Weib! Das giftgrüne Kleid war ein starker Gegensatz zu ihren rostroten Locken, die sie auf dem Kopf hochgetürmt hatte und mit einer Haarnadel zusammenhielt, die mit Federn gekrönt war. Dazu trug sie kleine, schwarze Schnürstiefel, die ihre schlanken Fesseln betonten. Der Unterrock hingegen war ebenso rostrot wie die Locken und spielte gekonnt mit der Haarfarbe. Rostrote Nägel und Lippenstift veredelten dieses Prachtweib. Ihre Rundungen, durch ein Korsett betont, versprachen ein köstliches Abenteuer.

„Wie heißt du, Kleine?"

„Mein Name ist Lola, Fremder, und ich bin das beste Pferd hier im Stall."

Adam wollte wohl gerade protestieren, als Lola ihm einen bitterbösen Blick zuwarf, der den Barkeeper sofort verstummen ließ.

„Howdy, Lola. Ich bin Joe."

„Ich weiß, dein Steckbrief hat es mir schon verraten."

Lola kippte unsere Gläser nochmals voll.

Meine stahlblauen Augen durchbohrten sie.

„Keine Angst vor mir, Baby?"

Meine Hand legte sich unter ihr Kinn und so musste sie zu mir aufschauen. Zierlich, wie sie war. Was für ein Püppchen.

„Warum sollte ich?"

Ihre grünen Augen blitzten mich an.

„Ich habe weder ne Bank noch einen Sheriffstern auf der Brust. Warum sollte ich also Angst vor dir haben, Joe?"

Lola kippte Glas zwei in sich hinein und kicherte ein wenig.

„Allerdings habe ich gerade Angst, zu erstinken, wenn ich hier noch länger mit dir stehe. Lust auf ein Bad?"

Mittlerweile hatte der Klaviermann wieder begonnen, zu spielen, der Sheriff war aus dem Saloon gekrochen und die Gäste hatten murmelnd wieder zu ihren Gesprächen gefunden.

Ich blickte auf Lola hinunter, griff kraftvoll in ihre Taille. Warf sie über meine Schulter. Der Rock bauschte sich auf und entblößte ihr in Strapse eingerahmtes Hinterteil. Was für ein Arsch!

Ich schlug einmal kräftig drauf. Nur, statt aufzujaulen, schnurrte sie mir ins Ohr: „Du wilder Stier. Ich bin eine Vollblutstute, die zugeritten werden will."

Oben angekommen, öffnete sie mir ein Zimmer, in dem eine Badewanne stand. Sie holte diverse Krüge und füllte das Ding mit klarem, warmem Wasser. Ich warf meine Klamotten in die Zimmerecke, legte den Colt auf den kleinen Tisch neben die Wanne und tauchte ins Nass ein. Lola beobachtete mich dabei. Ihre Zunge leckte über ihre rostroten Lippen, als ihr Blick auf meinem prächtigen zweiten Colt zwischen meinen Beinen liegenblieb.

„Nette Waffe hast du da. Schöne Größe, und dass er geädert ist, gefällt mir auch."

Ich lachte schallend auf. „Du Drecksweib. Los, seif mich ein!"

Lola legte schnell ihren Rock beiseite und stellte sich nur in Korsett, Spitzenhöschen und Stiefeln an das Kopfende der Wanne. Die Seife kurz ins Wasser getaucht, rieb sie das runde, glitschige Ding über meine behaarte Brust. Seifte meinen kompletten Körper ein. Wanderte meine Oberschenkel nach unten. Dafür musste sie um die Wanne gehen. Sie blickte mir schmunzelnd in die Augen. Die Seife festhaltend, ließ Lola sie über meine Eier gleiten.

„Scheißßßßßße!!!"

Heilige Maria, tat das gut!

Die kleine Hexe wusste nur zu genau, was ein Mann brauchte. Mein Prachtkerl schwoll zu seiner vollen, beachtlichen Größe an. Also schwang ich mich aus der Wanne, drehte sie mit dem Rücken zu mir und öffnete ihr Korsett. Ich entfernte ihre Haarnadel. Kaskaden von roten Locken fielen den schneeweißen Rücken hinab bis zum Poansatz, wo sich kleine Grübchen kess zeigten.

Die Kleine hatte wundervolle Kurven, und auch von vorne betrachtet, bot sie alles, was ein müder, aber frisch gebadeter Cowboy brauchte. Üppige Brüste mit kecken rötlichen Nippeln, die sie mir aufreizend entgegenreckte. Ahhhhhh ... ein Prachtweib!

Sie trocknete mir den geschundenen Körper ab. Schnell hob ich sie hoch. Das Bett gab bereitwillig nach, als ich mich rücklings darauf warf. Weiche Daunendecken und eine Matratze, die gemacht war für ein flottes Schäferstündchen, umgaben uns. Mein Mund zeichnete ihren schwanengleichen Nacken nach, während sie auf meinem Schoß Platz nahm. Die Haare ihres Miezekätzchens kitzelten meinen besten Freund. Er wollte in sie hinein. JETZT! SOFORT!!! Mitten ins Schwarze.

Doch sie machte es mir nicht so leicht. An mir hinuntergleitend, verteilte sie nasse Küsse auf meiner Brust, meinem stahlharten Sixpack, den Lenden. Meinen Schwanz ließ sie provozierend aus. Na warte! Ich griff in ihr Haar und zog sie über ihn.

„Küss ihn! Los!“

Lola grinste mich von unten an.

„Nur, wenn du ‚Bitte, bitte, Lady‘ sagst!“

„Von wegen!!!“

Ich drängte ihren Mund gegen meinen Schwanz, und schob ihn mit Gewalt in sie hinein. Das schien ihr zu gefallen, denn sie begann sofort damit, ihn gierig zu lutschen und zu lecken. Und ich vögelte erbarmungslos ihre Kehle. Ihr Würgen, als sie um Atem rang, trieb mich nur weiter. Silbrige Speichelfäden zogen sich von ihren Lippen zu meiner Eichel.

Heilige Maria! Dieses Weib! Sie sah nicht nur fantastisch aus, sie wusste auch ganz genau, was ein Mann wollte.

Stöhnend schob ich mich rücklings weiter nach hinten auf's Bett, um sie ihren Job machen zu lassen. Die Huren dieses Saloons waren einfach die besten im Wilden Westen. Lola lutschte sich in Ekstase, schob sich dann auf das Bett, um sich fest auf mein Sattelhorn zu setzen. Mit einem lauten, tierischen Stöhnen und einem noch lauteren „YEHAW!“ nahm sie mich in sich auf.

Dieser Ritt war der beste, den ich je erlebt hatte. Jedes Rodeo war ein Kinderspiel dagegen gewesen.

Mit einer Hand verschloss sie mir die Augen, während ich hörte, wie sie die kleine Schublade neben dem Nachtisch öffnete. Räudige Hündin! Was hatte sie denn nun noch in petto? Ich grinste in mich hinein.

„Öffne deinen Mund, Fremder. Ich hab was Geiles für dich.“, säuselte sie zuckersüß in mein Ohr.

Gierig öffnete ich meine Lippen, in freudiger Erwartung dessen, was jetzt folgen sollte.

Und nun ... nun liege ich da, die kleine Hexe sitzt auf mir und hat mir einen Colt direkt ins Maul geschoben.

Sie grinst mich an. Reitet mich durch den erotischen

Grand Canyon bis hin zu ihrem Höhepunkt, den ich kaum wahrnehme, wegen der Scheißknarre. Sie sitzt ganz klar am längeren Hebel.

Endlich kommt sie. Schaut mir dabei eiskalt in die Augen. Hält den Trommel-Colt fest in ihrer Hand. Das Metall schlägt mir bei jedem Stoß ihres Beckens gegen die Schneidezähne.

Ich schaue sie mit einem total belämmerten Blick ungläubig an.

Jetzt hab ich den Salat.

Die letzten Worte, die ich in meinem Leben höre sind: „Baby, ich bin Jane the Gun, Kopfgeldjägerin, und wusste, dass du hier sein wirst. Den Barkeeper hab ich bestochen. Dein Kopfgeld ist einfach zu hoch, als dass ich dich verschonen könnte. Wanted dead or alive. Sorry, Baby. Bye-bye, Joe!“

Ich meine, noch den Knall zu hören sowie zu fühlen, wie sich mein Hirn über dem Bettteil ausbreitet. Und dann sehe ich die Sonne das letzte Mal untergehen über dem flirrenden Horizont des wilden Wilden Westens.

# Die Agentin

Merida klopfte an die schwere Stahltür.

Sie war im Auftrag ihres Landes unterwegs. Als Doppelnullagentin hatte sie die Lizenz zum Töten. Das war der Grund, warum sie hier war. Ein italienischer Kollege namens Antonio di Lorenzo war kurz davor, die Codes zu knacken, die ihn zum Inhaber aller Daten der Agenten des irischen Geheimdienstes machen würden. Merida war beauftragt worden, ihn dingfest zu machen. Im Notfall auch zu töten. Man wollte ihm jedoch lieber die Kenntnisse herausquetschen, die er hatte. Ihren Informationen nach trug er sie stets an seinem Körper. In einem kleinen Zylinder, der an einer Kette um seinen Hals baumelte.

Sie würde auf der Hut sein. Man sprach ihm nach, ein Womanizer zu sein. Doch sie war ebenfalls ihrerseits eine Frau, die Männer zu Höchstform auflaufen ließ, wenn sie in deren Dunstkreis kam.

Der Club war ein Hotspot der Stadt. „Poison Ivy“ verriet ein grell-grünes Neonschild über dem Eingang. Die Stahltür war ebenfalls giftgrün, Graffiti in Form von Efeu, aus deren Blättern grüne Tropfen eines Giftes zäh hinabglitzerten, zierten sie. Der Türsteher öffnete zuerst den Sehschlitz von innen. Zwei Augen musterten sie ganz genau. Klappe zu. Dann öffnete sich die schwere Tür.

Er sagte nichts, sondern wies sie mit einer einladenden Handbewegung in die dunkle Gruft hinein.

Merida trug schwarzes Leder. Unter diesem trug sie Strapse mit einem ledernen Strumpfband, welches ihr Messer verbarg, das sie stets mit sich führte – als letzte Rettung, sollten ihre Karatefähigkeiten ihr einmal nicht weiterhelfen.

Sie schritt die abgetretenen steinernen Stufen hinab, welche in das Innere des Poison Ivy führten. Der Club war ein ehemaliger Bunker gewesen. Überall waren Graffiti an den Wänden und am Boden verteilt. Das Wummern der Bässe ließ die Wände vibrieren. Lauter Ladys mit Pralinés und Gläsern mit Absinth belustigten in knappen Outfits die Gäste. Ausgeflipptes Nachtleben einer verruchten Stadt.

Das Foto, welches ihr zuvor in einem braunen Umschlag zugekommen war, zeigte einen attraktiven Mann. Halblange, dichte Locken, die mit Gel gebändigt waren, rahmten ein Gesicht ein, wie es die römischen Götter nicht besser hätten in Stein meißeln können.

Allem Anschein nach gefielen Antonio teure Maßanzüge, denn er trug auf dem Foto einen taubenblauen Einreiher ebenso lässig wie andere ihre Lederjacke.

Wäre er nicht der gewesen, der ihre Landsleute verraten wollte, so hätte sie sich andere Dinge mit ihm vorstellen können, als ihn zu töten. Es war manchmal eine Schande. Schade um die vergeudeten Ressourcen.

In der großen Clubhalle angekommen, ließ sie ihre Augen über die Menge gleiten. Merida stand auf den Stufen, die zur Bar führten, hinter der perfekt trainierte Schönheiten, männlich wie weiblich, den Gästen noch perfektere Drinks servierten.

Sie bestellte sich einen Champagnercocktail, ließ ihren Blick umherwandern. Tanzende Menschen. Einer schöner als der andere. Hier versammelte sich die ganze Schönheit der Stadt. Dann sah sie IHN. Er stand auf der Tanzfläche. Eine dunkelhaarige Schönheit in einem Hauch von Nichts schmiegte sich wiegend an ihn. Antonio rieb sein Becken tanzend an ihre Hüften. Seine kräftigen Hände hatten sich tief im Haar der Frau verfangen. Fordernd drängte er sein Knie zwischen die sich willig öffnenden Schenkel.

Sein Mund näherte sich ihren Lippen. Kurz verspürte Merida einen Stich der Eifersucht.

„Na warte, du kleines Gör! Er ist meine Beute! Der Kerl gehört heute Abend mir."

Die Agentin ging auf die beiden schnurstracks zu, stellte sich hinter die rassige Frau. Dann schaute sie Antonio unverwandt an. Sein Blick löste sich vom Objekt seiner Begierde. Blieb in Meridas provozierend starrenden Augen hängen. Er ließ langsam von der Tänzerin ab. Merida schob die Konkurrentin zur Seite, nahm einen Schluck Champagnercocktail, griff Antonio an den Hinterkopf, um ihn zu sich hinunterzuziehen und ihn zu küssen. Dabei floss der köstliche Drink langsam perlend in seinen geöffneten Mund.

Meridas Kopf entfernte sich wieder. Sie machte auf dem Absatz kehrt und ging, ihm ihren göttlichen Po präsentierend, aufreizend hoch zur Bar. Dort setzte sie sich auf einen Barhocker und prostete ihm stolz zu. Er stand auf der Tanzfläche, ignorierte den wütenden Wortschwall der Schönheit, der auf ihn niederprasselte. Sein Blick war abschätzend, als er sich Merida ansah. Dann setzte er sich ohne Umwege in Bewegung. Die Bar war sein Ziel. Diese Frau war sein Ziel.

Er bewegt sich wie ein Tiger.

Meridas Interesse an ihm war geweckt. Sie musste sich unbedingt ermahnen, keines seiner weiblichen Opfer zu werden. Der Mann war einfach superb.

Ein köstliches Pralinée. Konzentrier dich, Merida! So toll ist er nun auch nicht. Nackt sind sie alle gleich.

Er positionierte sich vor ihr. Sein Blick streichelte ihren Körper. Merida sah die Kette um seinen Hals, welche einen Metallzylinder hielt. Dort drin sollten die begehrten Daten sein.

Sie fuhr ihm mit ihrem Finger vom Kinn beginnend den männlichen Kehlkopf entlang und leckte sich über die roten Lippen.

Mit einer hochgezogenen Augenbraue beobachtete er,

wie ihre Finger zum Anhänger wanderten. Ein barscher Griff um ihr Handgelenk zog sie vom Barhocker hoch auf ihre Lederstiefel. Merida blitzte ihn wütend an.

„Was? Hm? Was willst du, du kleines Gift?“, lachte er laut auf.

Der Agent steckte seine Nase in ihre Halsbeuge. Ihr Parfüm, diese perfekte Mischung aus Patschuli und Chili, betörte seine Sinne.

„Hmmmmmmmmmmm ...“, räkelte sie sich ihm entgegen.

„Hast du noch mehr drauf, als kleinen, armen Mädchen hier den Hof zu machen?“

Merida flüsterte gegen die laute Musik an und leckte ihm leicht über die Innenseite des Ohres.

„Du tust so, als ob du ein ganzer Kerl bist. Dabei können dich alle Weiber haben. Du kleiner notgeiler Gigolo. So schell zu durchschauen. Mit deinem Designeranzug. Kleine Mädchen kannst du damit beeindrucken, aber die großen, die wollen mehr sehen. Nämlich Taten.“

Überrascht blickte er sie an. „Du Hexe!“

Er griff ihr an den Nacken, packt fest zu. Sie schrie leicht auf, weil er ihr weh tat in seiner Grobheit.

Aber genau das wollte sie ja. Sollte er doch das Gefühl haben, dass er alles im Griff hatte. Dann war es leichter, an die Daten zu kommen.

„Elender Scheißkerl!“

Antonio führte sie grob zum Aufzug, bestellte draußen ein Taxi. Der Griff im Nacken war nun einem Griff um ihr Handgelenk gewichen. Merida wehrte sich gespielt. Doch im Grunde genommen gefiel ihr dieses Spiel. Sie stand auf Männer, die zupackten und nicht lang herumspielten.

Der Portier des Luxushotels stand schnell auf.

„Alles in Ordnung, Madame???“

Sein besorgter Blick sprach Bände. Das Bild, das sich

ihm bot, ließ seine Alarmglocken laut schellen. Eine Frau, der allem Anschein nach Gewalt angetan wurde. Empört eilte er um die Rezeption herum in die Lobbymitte.

Merida drehte ihren Kopf zwinkernd zu ihm. Der überraschte Blick, den sie dafür erntete, amüsierte sie königlich. Das hier war ganz nach ihrem Geschmack. An die Daten kam sie ganz sicher.

Die Schritte ihrer schwarzen Lederstiefel hatten einen seltsamen Rhythmus, denn nach vier klackenden Schritten ihrer Absätze folgten sechs stumme durch die tiefen Lobbyteppiche.

Antonio war es egal, ob sie stolperte. Er war stocksauer. Er war so wütend, dass binnen Sekundenbruchteilen ein Plan in seinem Kopf entstand, wie er dieser rothaarigen Bestie die Leviten lesen würde. Sein Griff war wieder in ihrem Nacken gelandet. So stieß er sie in den Lift, wo er sofort ihren Mund mit seinem verschloss. Merida entglitt ihm, indem sie an der Wand unter seinem Arm hinwegtauchte und katzenartig hinter ihm wieder hoch kam. Sie presste ihr Becken gegen seinen Po, griff zielsicher seine Handgelenke. Presste diese hart neben seinem Kopf an die Aufzugwand.

„Ist das schon alles, was du kannst?" Sie griff Antonio fest in die Haare. Hatte er aufgestöhnt? Anscheinend gefiel ihm diese Behandlung.

Er wirbelte herum und griff ihr an die Kehle. Merida sog es ein. Sie liebte es einfach, wenn ein Mann ihr klar zeigte, wer der Stärkere war. Erneut blickte sie zu dem Metallzylinder. Dann Antonio in die grünen Augen. Was für ein Mann! Die dunklen Locken wirbelten ihm nun ins Gesicht. Pure Gier sprang katzenartig aus dem Kerl heraus. Das Leben als Agentin hatte auch seine guten Seiten.

Die Aufzugtüren öffneten sich, nachdem er wie wild auf den „Öffnen"-Knopf" gehämmert hatte. Ungeduld befiel ihn, denn er würde sie straficken. Kein bisschen Zärtlichkeit. Einfach nur zur Strafe, bis er kam, und sie dann aus dem Bett stoßen.

Genau DAS hatte diese Frau verdient.

Im Zimmer angekommen, warf er Merida bäuchlings auf das große Bett. Neben der Liegestatt lag noch der BH aus seiner letzten Nacht. Und der Slip seiner Frau. Antonio grinste. Ein gutes Leben hatte er. Eine Bürokauffrau als Ehefrau, und nun fickte er diese Raubkatze. Sie schrie ihn durch das Kissen erstickt an.

„Du wolltest doch sicher dieses kleine Flittchen heute ficken, nicht wahr?“, kreischte sie atemlos auf.

„Quatsch! Du warst mein Ziel. Ich liebe rothaarige Katzen! Mit der Kleinen wollte ich dich nur eifersüchtig machen und das ist mir ja wohl gelungen.“

Er lachte auf, schob ihr den Rock über den Arsch nach oben, sah das lederne Strumpfband und grinste. Heißes Geschoss. Was würden die Männer dafür geben, so ein Weib zu besitzen! Sie trug natürlich keinen Slip. War ja klar. Im Gegensatz zu seiner Frau, die praktische Sportstrings trug.

Antonio zog ihr Becken zu sich und seinen harten Schwanz aus der Hose. Brutal stieß er ihn in ihre Nässe. Merida stöhnte halb schreiend auf. Wie auf ein erlegtes Wild stieß er hart und unbarmherzig auf sie ein. Seine Beute!

Er war völlig von Sinnen, und so hatte er das Messer übersehen, welches auf der Vorderseite ihres milchigweißen Oberschenkels seinen Platz hatte. Antonio stöhnte wie ein wildes Tier auf, als er sein Sperma in sie ergoss.

Diesen Moment nutzte die Agentin.

Merida griff ohne Umschweife das Messer, nahm es in die Hand und wirbelte herum. Der Italiener schaute sie fassungslos an, als er die Klinge an seinem Hals spürte.

Triumphierend griff sie die Kette. Mit einem lauten Ratsch! riss Merida sie entzwei. Der Striemen, der dadurch an seiner Halsseite entstand, würde ihn noch tagelang an seine Niederlage erinnern.

„Gewonnen!!! Ich habe gewonnen!!!"

Merida sprang auf und hüpfte über das Doppelbett. Wie ein kleines Kind freute sie sich. Antonio ließ den Kopf hängen.

„Ja doch! Du hast gewonnen und ich bin der Depp. Schatz, ich mag diese Rollenspielchen ja auch, sie machen mich jedes Mal heiß. Die Idee, sich als fremde Agenten in einem Club zum ersten Mal zu begegnen, war auch wirklich cool. Ich finde es geil, dich eifersüchtig zu machen. Du siehst traumhaft schön in Leder aus. Aber so ganz normalen Kuschelsex fände ich auch mal wieder schön."

Merida sprang weiter auf dem Bett herum.

„Klar, mein Schatz, aber solche Rollenspiele sind doch geil und die Jagd um unsere Trophäe, die Kette, ist doch sehr sexy.", stieß sie atemlos hüpfend hervor.

Antonio alias Robert seufzte auf. Rieb sich den schmerzenden Nacken.

„Du hast recht, Schatz. Können wir jetzt einfach kuscheln? Hör mit dem Hüpfen auf! Mir wird schon ganz übel von dem Geschaukel!"

Susanne alias Merida kuschelte sich in den Arm ihres Mannes. „Schöööööön ...", schnurrte sie leise. „Ich hab einen Agenten als Mann."

An diesem Abend schlief die Doppelnullagentin Merida alias Susanne in den Armen des Agenten Antonio alias Ehemann Robert ein. Ihre Wäsche von gestern, die noch neben dem Bett lag, würde sie morgen wegräumen.

„Ich liebe dich, Robert."

„Ich dich auch, mein Engel, und jetzt sei ruhig und schlaf endlich ein."

# Der Golfclub

Johannes war begeisterter Golfer. Er war glücklich, wenn er mit Schwung und Elan die weißen Bälle über das Grün schlug.

Als Kind in Irland aufgewachsen, hatte er dort, so wie fast jeder kleine Junge im Land, den Golfsport erlernt. Das Leben führte ihn wieder nach Deutschland zurück, wo er heiratete, eine Familie gründete, sich scheiden ließ und ein überaus erfolgreicher Unternehmer wurde. Sein Geld hatte er mit Kunststoffpaletten gemacht. Diese Teile schienen als leichter Ersatz für die schweren Holzpaletten eine vollkommene Alternative zu sein und fanden reißende Abnahme. So expandierte er. Ständig. Sehr zur Freude der finanzierenden Bank. Nun fehlten nur noch Kontakte in die wirkliche High Society, denn die hatte ihn bisher ausgeschlossen.

Sein bester Freund Jörg hatte ihn daraufhin zur Seite genommen. „Joe, wenn du wirklich gute Kontakte machen willst, dann musst du zum Segeln oder Golfen gehen. Du schwingst doch schon seit Kindesbeinen an den Queue."

„Es heißt Golf-SCHLÄGER, du Depp!"

„Dann halt Schläger. Mir doch egal. Wichtig ist nur, dass du dabei bist. Vor allem ist es dabei signifikant, in WELCHEN Golfclub du gehst!"

Jörg zwinkerte ihm verschwörerisch zu. Was sollte DAS denn nun schon wieder? Jörg war immer für die dämlichsten Ideen zu haben. Und so wie er gerade grinste, war das anscheinend eine besonders dämliche Idee.

„Sag mal, was grinst du so dämlich?"

„Och, ich kenne da einen sehr speziellen „Club". Tolle, exquisite Geschäftskontakte und ..." Er beugte sich verschwörerisch zu Johannes hinüber.

„Ein ganz besonderer Ort."

Was zum Henker meinte er denn nun schon wieder? Versteh einer diesen Kerl!

Die Sonne schien, als Johannes zum vereinbarten Treffpunkt fuhr. Sein erster Besuch im Club Paradise Green. Als er auf die Einfahrt zufuhr, stand Jörg schon hysterisch winkend vor den Toren einer Burg.

„WOW!"

Johannes war überwältigt. Dabei fragte er sich sogleich, wie teuer hier wohl eine Mitgliedschaft sei. Denn der traditionsschwere Baumbestand mit altehrwürdigen Eichen, welche die Allee säumten, die bestens gepflegte Kieseinfahrt und die Bentleys sowie Maseratis der Clubmitglieder bewirkten, dass sich sein Portemonnaie in die Tiefen seiner Gesäßtasche verzog. Sein BMW schien hier eher Teil der Arbeiterklasse zu sein.

Jörg riss die Autotür auf.

„Na, komm schon raus, altes Haus. Du wirst begeistert sein!"

„Bin ich jetzt schon, aber mein Portemonnaie nicht. Das muss ja ein horrender Betrag sein, den man hier bezahlen muss."

„So schlimm ist es nicht und du machst ja heute nur mal eine Proberunde. Die ist beim ersten Besuch immer gratis. Erst danach entscheidet man sich für eine Jahresmitgliedschaft."

„Sag mal, warum darf ich hier eigentlich auf das Green? Das ist doch sonst nur Clubmitgliedern erlaubt, in solch elitären Golfclubs."

Jörg druckste herum. Johannes beobachtete, wie sein Freund verlegen an den Knöpfen seines Designerhemdes herumnestelte.

„Na ja, also, genau genommen ist das hier gar kein Golfclub."

Johannes schaute ihn verdutzt an. Was sollte er dann hier? „Hey! Ich bin zum Golfspielen hier! Hab mir extra den Samstag frei gehalten, und jetzt sagst du mir, dass dies gar kein Golfclub ist??? Warum werfe ich dann meine Golftasche in den Kofferraum?“

Er schaute sauer auf Jörg, der nun ein breites Grinsen auflegte.

„Du spielst ja Golf, aber ... na, halt etwas anders. Außergewöhnlicher eben.“

Verschwörerisch zwinkerte er Johannes zu.

Die breite Doppelflügeltür schwang schwerelos auf. Sie gab den Blick frei in die Heiligen Hallen. Bei dem, was dann dort herauskam, beschlug Johannes mit einem Male die Brille.

Ein Frau, Ende zwanzig, Anfang dreißig, in knappsten schneeweißen Hotpants, grasgrünen Designer-Golfschuhen, mit passenden weißen Söckchen, gekrönt von einem grünen Spitzenrand. Oberhalb der Hüfte trug die Dame ein bauchfreies Oberteil, das einen makellosen femininen, weichen Bauch freiließ und, welches ihre prächtigen, sicherlich mit Victoria Secrets hochgepushten Brüste auf das Schönste hervorhob. Dazu trug sie ein grünes Golfcap mit Golfclub-Label und weiße, weiche Lederhandschuhe, die ihre schlanken Handgelenke betonten. Johannes verfiel in wortlose Ehrfurchtsstarre!

Das Geschoss hielt die Tür auf, strahlte die beiden Freunde freundlich an und zwitscherte in einer Stimme, welche die Klangfarbe von süßem Honig hatte: „Willkommen im Club Paradise, meine Herren. Aufgrund einer persönlichen Empfehlung dürfen Sie heute einen Tag lang die Annehmlichkeiten von Paradise Green auskosten und sich wie zu Hause bei uns fühlen. Treten Sie bitte ein.“

Das Weib war eine glatte Zehn auf der Traumfrau-Skala.

Unfassbar, wo bitte bekam man solch ein Personal her? Im Himmel? Johannes pustete durch. Seine Sekretärin war eher Marke Baumarkt. Sie funktionierte eben.

Hatte jedoch leider beim Aussehen tief ins Klo gegriffen.

Johannes wunderte sich jedoch ein wenig, als die Zehn ihm beim Eintreten recht intim die Hand auf die Schulter legte und ihm einen leichten Kuss auf die Wange hauchte. Ungewöhnlich für einen Golfclub. Aber dennoch extrem angenehm. Jörg knuffte ihm in die Rippen.

„Na, zu viel versprochen?“

Die Zehn fragte noch, ob sich die Herren umziehen wollten.

Johannes nickte, denn er kam direkt vom Job.

„Meine Kollegin und Empfangsengel Janet wird Ihnen behilflich sein.“

Wieder diese sanfte Stimme.

Janet war keine Zehn, sie war eine Zwölf. Toppte sogar noch die Hausherrin. Auch sie trug ein entsprechendes Outfit, jedoch schwang ihr ein kurzer Faltenrock beim Vorangehen um die wunderschön geformten Schenkel, unter dem sich allem Anschein nach kein Höschen befand. Denn beim Wippen hatte Johannes einen Blick auf ihren Poansatz erhaschen können. Ihre kurzen, schwarzen Haare gaben einen schwanengleichen Nacken frei.

Meine Güte! Wie soll man sich da bitte gleich noch auf das Spiel konzentrieren?

Vor der Umkleide angekommen, öffnete Janet die Tür. Johannes wollte sich gerade für die freundliche Wegbegleitung bedanken, als Janet ihnen völlig selbstverständlich in die Garderobe folgte. Was Johannes dort sah, blendete ihn vollends. Er schüttelte kräftig den Kopf, denn für ihn sah es aus wie in einem Traum.

Männer der oberen Gesellschaftsschicht – Politiker, Unternehmer und Prominente – die ihm allesamt bekannt, aber bisher unerreicht geblieben waren, wurden von lauter Traumfrauen erst AUS- und dann wieder mit ihrem Golfoutfit ANgezogen.

Dabei berührten die Servicedamen auf's Angenehmste den persönlich zugeteilten Kunden. Jörg kicherte wie ein 16-jähriger Teenager, als eine rothaarige Schönheit ihm die Hose über den Po nach oben zog, um anschließend den Reißverschluss mit den Zähnen zu schließen, seine Boxershorts jedoch achtlos auf dem Boden liegen ließ. Das Schließen erwies sich jedoch als recht schwierig, denn Jörgs Penis zeigte nur allzu klar, dass ihm diese besondere Art des Service extrem gut gefiel.

Johannes fühlte sich ebenfalls berührt, ausgezogen und in seine Golfkleidung gesteckt. Ebenfalls ohne Unterwäsche. Janet schmunzelte ihn derart verführerisch an, dass er sich abschließend fragte, wo er da nun bitte hineingeraten sei.

Eine Golf-Orgie?

„Na, komm schon, nun geht es aufs Green."

Jörg knuffte Johannes hoch motiviert in die Seite.

„Was zum Geier ...?", wollte Johannes gerade noch fragen, als Janet ihm mit einem gefühlvollen Kuss den Mund verschloss. Dann an die Hand nahm, um ihn anschließend hinaus in den Sonnenschein zu führen. Süß waren ihre Lippen und er sog den Duft ihrer frischen Haut ein.

Vor Johannes breitete sich ein perfekt gepflegter Golfplatz aus. Bestens gepflegt und geschmackvoll von Designerhand angelegt. Doch der Platz war ihm gerade vollends egal, denn sein Blick lag auf den persönlichen Caddies, die jeder Spieler für die Runde zugeteilt bekommen hatte. Als Caddies fungierten die zuvor zugeteilten Damen, und die hatten sich bis auf Golfkappe, Schuhe, die in kurzen Söckchen steckten, und den kleinen Handschuhen der Kleidung komplett entledigt. Auf jedem der prachtvollen Hinterteile prangte auf der rechte Po-Seite das Logo des Paradise Green.

Johannes sah in Gedanken Hugh Hefner um die Ecke kommen. Das war die Playboy Mansion! Dieser Platz war der Traum eines jeden Mannes. Der ultimative Feuchttraum.

Janet nahm ihn erneut an der Hand und zog ihn behutsam mit sich.

Johannes blickte sie an. Perfekte Hüfte, ein Po, der Proportionen bot, dass seine Hose viel zu eng wurde. Er verstand die Welt nicht mehr. In seiner Verzweiflung ging er schnurstracks zum ersten Abschlag. Versuchte, sich darauf zu konzentrieren. Janet zog das entsprechende Holz aus dem Golfsack und reichte es ihm.

„Benötigen Sie ein paar Hinweise? Soll ich eventuell für Sie schlagen oder sind Sie golferfahren, Herr ...?"

„Johannes. Mein Name ist Johannes! Und nein, ich brauche kein Coaching, ich KANN golfen."

Dabei sah er, wie Jörg, der böse Kerl, anscheinend die Frage mit Option EINS beantwortet hatte. Er stand auf dem Green, während seine Begleiterin, an ihn angeschmiegt, zwischen seinen Beinen Platz genommen hatte und ihren Prachtpo an ihm rieb. Gemeinsam hielt er mit ihr das Eisen und presste sich lachend an sie.

„Ihr Schläger, Johannes."

Johannes drehte sich um und schaute Janet direkt auf die vollen Brüste, zwischen die sie lachend das Utensil gesteckt hatte, welches nach unten hin im Bermudadreieck ihrer Schenkel verschwand. Den Ball schob sie sich zwischen die Zähne.

Nun musste Johannes ebenfalls lachen, denn er gewöhnte sich langsam an die außergewöhnliche Umgebung. Janet zwinkerte ihm aufmunternd zu.

Das Leben meinte es gut mit ihm!

Der Tag verging wie im Flug. Janet war die hinreißendste Begleitung, die er sich nur wünschen konnte. Sie war gebildet, eine glatte Zwölf, und hatte zudem wirklich Ahnung vom Golfen. Eine wunderbare Frau, die ihn bei einem gelungenen Schlag mit einem tiefen Kuss belohnte.

Zusätzlich zeigte sie extreme Bereitschaft, ihm durch gekonntes Zungenspiel die Zeit zwischen den Schlägen zu versüßen. Denn wann immer er eine Trinkpause einlegte, ging sie auf die Knie, öffnete den Reißverschluss seiner Hose und kümmerte sich mit einem perfekten Deep Throat um seinen besten Freund. Wie sie ihn in ihre Kehle hinabgleiten ließ, es dabei sogar noch schaffte, auch andere pikante Körperteile mit ihrer Zunge zu verwöhnen, war einfach göttlich und der Traum eines jeden Mannes. Paradise Green, nun wurde ihm auch der Name klar. Dieses Etablissement war kein Golfclub, es war ein Bordell! Aber eines auf einem kaum denkbaren Niveau. In den Wäldern und Bunkern sah er, wie die Caddies die Golfer für besonders gute Schläge belohnten. Oder ihnen die Pausen versüßten. *Mann* war unter sich und teilte diese geheime Leidenschaft, um hinterher Geschäftskontakte zu knüpfen. Eine heilige, wohlbehütete Gemeinschaft mit Geld.

Janet schmunzelte, während sie Johannes den Reißverschluss wieder mit den Zähnen verschloss. Ihr kleiner Apfelpo wackelte auf den süßen Turnschuhen vor ihm her. Als er nun zum letzten Loch ansetzte, legte Janet ihm lächelnd den Ball parat. Das tat sie mit einer Anmut, die im besten Fall Balletttänzerinnen besaßen. Die Beine perfekt durchgestreckt, beugte sie sich so weit nach unten, dass Johannes ihre nasse Spalte im Sonnenlicht glitzern sah. Er setzte an und trieb den Ball Richtung Loch 18. Janet schwang dabei gekonnt die Hüften, um ihm mit dem Golfwagen zu folgen. Nun der finale Schlag. Doch was war DAS?

Janet stand neben der Fahne, zog sie aus dem Green und setzte sich im perfekten Spagat hinter das Loch.

Der Begriff „Hole in One“ bekam nun eine komplett neue Bedeutung. Johannes brach der Schweiß aus. Nein, es war nicht die warme Sonne, die schuld daran war, sondern der Aus- beziehungsweise Anblick, der ihm nun geschenkt wurde. Janets wunderhübsch rasierte Spalte blinkte ihm keck entgegen.

„Na, mein Held, wenn du den Ball mit dem nächsten Schlag versenkst, gibt es mich ganz als Belohnung."

Die Tropfen der Gier, die mittlerweile seine Oberlippe kitzelten, der Schweiß, der ihm in die Augen lief, machten es ihm wahrlich nicht leicht.

„Ich muss es schaffen!"

Johannes setzte mit dem Putteringholz an. Konzentrierte sich und ... „Klack!" ... rollte der Ball Richtung Janet und zum heiß ersehnten Ziel. Doch kurz vor dem finalen Loch rollte der Ball durch eine Bodenunebenheit leicht zur Seite weg. Janet blickte ihm tief in die enttäuschten Augen, grinste ihn an und schickte durch eine minimale Anwinkelung ihres Schenkels das weiße Rund in die Dunkelheit des Platzes.

„Pong!"

Verschmitzt lächelnd legte sie sich auf den Rücken und rief: „Johannes, Sie dürfen sich Ihre verdiente Trophäe abholen. Das letzte Loch gehört Ihnen. Bedienen Sie sich!"

Johannes lachte schallend über die Anspielung, schälte sich ungeniert schnell aus seiner Kleidung und legte sich neben Janet ins kühle Gras. Sanft umschlang er sie mit seinen Armen und drückte sie gegen seine Brust. Janet schmiegte sich mit ihrem Po an seine Hüften.

„Na komm, mein Held, du hast das wahrlich verdient", schnurrte sie in die Umarmung hinein. Johannes blickte über ihre Schulter hinweg, sah die Sonne am Horizont langsam untergehen. Plötzlich war ihm der Job egal, die Europaletten lösten sich mit den Stößen seines Beckens in Wohlgefallen auf. Alle hier zu gewinnenden Kontakte wurden nebensächlich. Denn er hatte gerade das gefunden, wonach er immer gesucht hatte: Das Highlight seiner gesamten Karriere! Seine Zwölf! Seine Janet!

# Der Beulendoktor

Martin schaute stolz auf das neue Firmenschild, welches seit gestern die Einfahrt seines Hofs schmückte. Die darüber hängenden Schlechtwetterwolken schmälerten seine Freude nicht. So lange hatte er darauf hingearbeitet und endlich war es geschafft. „DER BEULENDOKTOR“ prangte in großen gesperrten Lettern über dem Eingang zum Betriebsgelände.

Er rieb sich die schwieligen Hände, die in ihrem Dasein etliche Radmuttern bezwungen und Beulen in hunderten von Automobilen wieder geglättet hatten. Sein Vater war schon Automechaniker gewesen. Die neue Berufsbezeichnung „Automechatroniker“ klang ihm persönlich zu studiert. Er war ein Mann der Tat. Wenn er etwas tat, dann mit Herz und festem Griff. Martin hatte eine eigene Passion in diesem Bereich gefunden. Er rückte jeder Beule zu Leibe. Unfallschäden. Hagelschäden. Beulen, die durch wütende Fußtritte, durch Baseballschläger oder auf andere gewaltsame Weise entstanden waren. Er war eben „DER BEULENDOKTOR“.

„HUUUUUUUUUP!!!“

Mit einem Riesensatz sprang der Beulendoktor abrupt zur Seite. Wer hatte denn da mal wieder keine Zeit?

Ein alter Alfa Romeo steuerte auf seinen Hof zu. Wundervolles Kleinod. Die ersten Regentropfen fielen vom Himmel. Es begann zu nieseln. Der groß gewachsene und stets gut gelaunte Martin schlug sich den Kragen seiner Engelbert-Strauss-Jacke nach oben. Meine Herren, da braute sich was zusammen. Ein Blick zum Himmel zeigte ihm schwere, dunkle Wolken, die sich gleich öffnen würden.

Bedeutete: Morgen wäre die Halle voll. Wie auf Kommando begann der Himmel nun vollends seine Pforten zu öffnen. Mit einem breiten Grinsen im Gesicht betrachtete Martin dabei die Cabriofahrerin, die wohl schon vorher in einen Platzregen gekommen war, denn die roten Haarsträhnen klebten in ihrem hübschen Gesicht. Das Dach war immer noch offen. Mehr konnte er jedoch noch nicht von ihr sehen, denn sie brauste in einem Affenzahn in seine Halle hinein, verfehlte dabei knapp seinen linken Fuß.

Verflucht noch mal, hatte die noch alle Pfannen auf dem Dach?

Martin ließ noch schnell das Hallentor herunter. Ein Blick auf die Armbanduhr ließ seinen Missmut gegenüber Toresschlusskunden hochkommen. Diese Leute hatten einfach kein Gefühl dafür, dass auch arbeitende Menschen mal Feierabend hatten. Unmöglich war das!

Der Beulendoktor schaute genauer hin und sah verstohlen grinsend, dass die Motorhaube des Cabrios ein wunderschönes Dellenmuster zierte. Schon begann das ohrenbetäubende Prasseln auf das Hallendach. Martin blickte kurz zum Fenster hinaus, wo er taubeneigroße Hagelkörner auf den Boden klatschen sah. Gut, dass er die Wagen alle schon hineingefahren hatte, die morgen abgeholt würden. Autsch! Wenn die Autos die auch abbekommen hätten, dann wäre morgen der Teufel los.

Die Autotür des Cabrios öffnete sich und Martin verschlug es schier den Atem: Lange Beine in Jeans betraten die Welt außerhalb des Alfas. Daran hing ein Weib, das durch den Schauer in eine prächtige Wetlookcontestkönigin verwandelt worden war. Die vormals weiße Bluse klebte auf gut geformten Brüsten, die zwar durch ihre Fülle leichten Abwärtstrend hatten, jedoch wunderschöne dunkle Warzen aufwiesen, die zufrieden durch die Welt blickten. Die Rothaarige folgte seinem Blick und schlug sich verlegen errötend die Hände vor die fast nackten Brüste. Hatte was von einem Pirellikalendermotiv, gab der Beulendoktor anerkennend grinsend zu.

„Oh, sorry, das war nicht beabsichtigt. Ich bin in einen Schauer gekommen, konnte mich selbst gerade noch so in die Raststätte auf der Autobahn retten. Das Dach schließt nicht mehr. Aber meinem Kleinen hier, dem erging es nicht so gut. Er hat arge Verletzungen davon getragen. Ähhhmmm ... Könnten Sie bitte woanders hin sehen? Mir ist das Ganze schon so unangenehm genug!"

Sie schlang nun einen Arm vor ihre Brüste und reichte ihm die freie Hand: „Clarissa!"

„Klar", brummte Martin leise und bedauernd vor sich hin. Sein Blick suchte demonstrativ die Hallendecke, wo sich ein paar Meisen zu familiären Aufbauarbeiten niedergelassen hatten. Dann griff er unbeholfen ihre freie Hand.

„Martin, ich bin der Beulendoktor."

Der Arm der Kundin verließ die zwei Prachtstücke, so dass Martin wieder freies Blickfeld hatte.

Süß sah sie aus in ihren Jeans und den roten Chucks. Ein bisschen wie ein begossener Pudel mit ihren Jeans, den roten Chucks und den klitschnass tropfenden Haaren, die sympathischerweise dafür sorgten, dass die Bluse weiterhin transparent blieb.

„Schauen Sie sich diesen Käse mal an. Mein kleiner Schatz stand schutzlos da im Hagel. Ich muss aber morgen Abend nach Hamburg mit ihm. Zu einem Oldtimer-Event. Was kann man denn da machen?"

Martin warf einen Blick auf die Motorhaube. Hm, das war einiges an Arbeit.

„Günstig wird das nicht werden, Engel. Sogar eher teuer. Sind sie versichert? Ich denke, wenn ich heute noch eine Nachtschicht einlege, dann klappt das mit morgen Mittag. Aber das kostet dann extra."

Miss Wetlook schaute ihn aus großen, dunklen Kulleraugen an.

„Oh, bitte nicht, ich bin erst letzte Woche umgezogen und mein finanzielles Polster ist arg geschrumpft."

„Na ja, die Arbeit wird schon die Nacht und den halben Tag Arbeit in Anspruch nehmen, Clarissa. Der Lack ist ja auch noch aufgeplatzt. Der Originallack kostet mittlerweile allerhand. Aber ein Freund von mir hat auch so ein altes Schätzchen in dieser Farbe. Der bastelt da ständig dran rum und hat den Lack auf jeden Fall da. Ein Anruf reicht und er bringt ihn mir. So ein altes Schmuckstück ist ja eine Seltenheit. Da ist das alles mit ziemlich viel Gefrickel verbunden."

Schneewittchen schaute kurz auf den Boden, zwirbelte eine ihrer nassen Locken zwischen den Fingern und knabberte an ihrer Unterlippe herum.

Wie zauberhaft sie doch aussah. Martin war augenblicklich verliebt. Man musste sie beschützen vor der grausamen Welt da draußen. Er sah sich als starker Ritter auf einem Stahlross und sie als seine kleine Prinzessin in die Morgenröte reiten.

„Sagen Sie mal ..." Das unschuldige Schneewittchen blickte ihn unverwandt und gar nicht mehr unschuldig an. Clarissa hatte nun eine komplett andere Art. Mit geradem Blick in seine Augen ging sie zum Auto, ließ ihre schlanken Finger grazil in die Mulden gleiten, während aus ihrem süßen Mund die Worte: „Das können wir doch sicher auch anders begleichen, Herr Doktor. Ooooder?" tropften.

Martin blickte sie an wie ein Stück Vieh auf der saftigen Weide. Machte sie ihm etwa gerade einen Vorschlag? Nein, das tat sie im Leben nicht. Sein augenblicklich einsetzender Tagtraum wegen dieser nassen Bluse war schuld, dass er sich das einbildete.

Während sie nun mit den Fingern die Mulden auf der Motorhaube nachzog, streckte sie ihm ihr prachtvolles Hinterteil entgegen. Ihr Blick über die Schulter und ihr Powackeln spielten keck mit seinen eh schon angespannten männlichen Zonen, die sich oben im Hirn UND unten in der Hose befanden.

Martin blickte kurz auf das Tor. Geschäftsschluss.

Niemand würde diesen Laden heute noch betreten. Der auf das Dach prasselnde Hagel half dabei wie ein Verbündeter.

„Clarissa, Sie sind sich sicher, dass das eine wirkliche Option für Sie ist???"
Seine Augen waren nun wieder auf ihre hübschen Brüste gerichtet, die sie ungeniert unter der nassen Bluse wackelnd präsentierte. Drückte sie die etwa gerade provozierend heraus?

Schneewittchen grinste, als sie begann, die Knöpfe des Stoffgefängnisses langsam aufzuknöpfen.

DAS war das Signal, was Martin gebraucht hatte.

„Herr Doktor, Ihre Beule ist mindestens so groß wie die auf meiner Motorhaube. Sie kümmern sich um meine und ich mich um Ihre. Deal?"

„Deal!"

Und schon schnappte sich Martin ihre beiden weichen Berge, labte sich an den saftigen Tälern, während er ihr im Handumdrehen die Jeans herunterstreifte, die kurz wegen ihrer Nässe herumzickte, und drehte die Kleine einfach zur Motorhaube herum. Die Märchengestalt spreizte ihre Beine, ließ sich mit einem wohligen Seufzer auf die Motorhaube gleiten, die Jeans auf den Knöcheln ruhend. Martin drang schnell in sie ein.

Während er sie in den Rechnungsbegleichungshimmel vögelte, flüsterte er ihr zum Finale ins Ohr: „Baby, ich bin der Beulendoktor, und du hast ab heute als meine Lieblingskundin ein Gratis-Abo für unser beider Beulenprobleme."

# Die Sauna

Alles verschlingender heißer Nebel umhüllte ihren Körper wie frischer Neuschnee die grünen Wiesen im Winter. Die Nässe, die dabei ihre Haut mit kleinen, feuchten Perlmuttperlen verzierte, spielte mit dem Bedürfnis, entfliehen zu wollen, welches Petra aufgrund der dichten, heißen Luft, die sich langsam in ihre Lungen vorarbeitete, befiel.

Petra liebte die Dampfsauna. Wenn sie die Glaspforte der Marmorgrotte öffnete, eintauchte in das weiße Nichts und dann hinter sich die Tür wieder verschloss, fühlte sie sich umfangen. Umfangen vom beschützenden Nebel dieser anderen, intimen Welt.

Sie wendete sich nach links und ging nahezu blind auf die Stufen zu, die dem Saunagast genügend Sitzfläche boten, um die Hitze zu genießen. Sie wusste, wie viele Schritte sie gehen musste, um dort anzukommen.

Petra setzte sich langsam auf den heißen Marmor der zweiten Stufe. Dabei glitschten ihre Schenkel wie immer ein Stück weit haltlos auseinander. Wie liebte sie dieses Gefühl doch. Es glitschte und glibberte begehrlich zwischen ihren geöffneten Schenkeln und ihre Scham begann sich bereitwillig zu öffnen für das kühle Wasser, dass sie mit Hilfe eines bereitgelegten Schlauchs über die Sitzreihe laufen ließ. Das Wasser, das schnell sehr heiß wurde in ihrer Spalte.

Petra befand sich alleine in der Dampfgrotte. Darüber freute sie sich besonders, denn dieses nasse Reich entfachte stets einen erotischen Drang in ihr. Einen kleinen Sturm, der mit leichten, glitschigen Böen begann, die nach und nach ihre Lust anfachend begleiteten.

Petra ließ ihr Becken lasziv auf den triefenden steinernen Stufen hin- und herrutschen. Die heiße Feuchtigkeit unter ihr machte es ihr leicht, den Weg zur Lust zu finden. Sie wusste nie, ob es ihre eigene Nässe oder die des Wassers war.

Das Schämen für ihre Lust blieb außen vor. Sie hatte sich vorher abgesichert, dass keine weiteren Badeschuhe vor der Tür standen. Denn es gab nichts Peinlicheres, als dabei ertappt zu werden. So begab sie sich in ihre eigene kleine Welt der dampfend heißen Erotik.

Petra legte sich entspannt auf den Bauch. Sie war ein wenig anders als andere Frauen, die nur allzu gerne auf dem Rücken liegend ihr Lustzentrum streichelten. Petra nahm stets den persönlichen Kampf mit dem Höhepunkt auf, strebte ihm mit Bedacht entgegen. Ihre ureigene Schlacht der Lust. Sie ließ eine Hand zwischen ihre Schenkel gleiten, während ihr Becken begann, lustvoll kreisende und reibende Bewegungen auf ihr zu vollführen.

Der Duft, den der Saunameister heute in das Wasser gemischt hatte, war Rose. Ihr Lieblingsduft, der sich nun betörend in ihr Hirn vorarbeitete, sich dort mit ihrer Gier mischte. Petras Becken rieb sich härter gegen ihre Hand und ein lustvolles Stöhnen entrann ihrer nach Erlösung lechzenden Kehle. Heute schien es besonders leicht, den Höhepunkt zu erreichen.

In diesem Moment legte sich eine Hand um ihr Fußgelenk. Erschrocken zuckte sie zusammen.

Oh nein! Sie war doch nicht allein! In der Bewegung innehaltend, horchte sie erschrocken in die Stille hinein. Sie fühlte sich ertappt. Wie als Jugendliche, als ihre Eltern urplötzlich in ihrem Zimmer gestanden hatten.

Sicher, es gab Saunagäste, die auch OHNE Badeschuhe unterwegs waren, aber das war ihr leider in ihrer Gier nicht eingefallen.

Warum hatte sie bloß kein fragendes „Hallo?" in den Nebel gerufen? Petra horchte unangenehm berührt wie festgefroren in den Raum hinein.

Die Hand zog sich sofort zurück. Petra wagte nicht,

die Augen zu öffnen, gestand sich selbst jenseits des Schrecks über den Umstand, dass noch jemand mit ihr hier war, jedoch ein, dass diese Hand ihre Erregung pulsieren ließ.

Sie dachte kurz darüber nach und begann dann erneut, ihre Lust zu entfachen. Zwischen ihre Schenkel geschoben, massierten ihre Finger wieder langsam ihre Scham.

Sofort legte sich die Hand wieder auf ihr Fußgelenk. Der Versuch, herauszufinden, ob es sich um eine Frauen- oder Männerhand handelte, indem sie kurz innehielt, wurde sofort mit dem Wegnehmen eben dieser Hand bestraft.

Petra gefiel dieses Spiel. So setzte sie ihr Bemühen fort, sich weiter zu stimulieren, dabei immer konzentriert in die Stille hineinhorchend, wie ihr unsichtbarer blinder Beobachter wohl reagierte. Die Hand war wieder da, schien sie zu belohnen für das, was sie da verbotenerweise tat.

Ein dunkles Stöhnen drang aus dem Nebel. Ein Mann! Jetzt war es klar. Was tat er da? Die Hand, die auf ihrem Knöchel ruhte, Petra fest umklammerte, begann nun ganz leicht, sich rhythmisch zu bewegen. Petra lächelte, als sie begriff, dass sie der Dirigent war. Sie bestimmte, wer wann welches Instrument spielte. Sie gab vor, wann es einsetzte und wann es verstummte. Sie dirigierte die Oper. Nun kitzelte es sie in den Fingerspitzen, ihm zu zeigen, wer hier den Taktstock in Händen hielt. So stoppte sie erneut und horchte in den dichten Nebel hinein.

Ihr Orchestermitglied hielt inne, die Hand verschwand und das fremde Stöhnen verwandelte sich in ein tiefes, erregtes Atmen. Es gefiel ihr, wie sie nun auch den Grad SEINER Erregung in Händen hielt. Jetzt bewegte sich Petras Hand und wieder stimmte er in ihr Lied der Leidenschaft mit ein. Mal staccato, mal legato, stimulierte sie sich und somit ihn. Sein Stöhnen wurde zu ihrem Stöhnen. Die glitschige Unterlage untermalte ihre Symphonie rhythmisch, die fulminant in ihrem erlösenden Höhepunkt endete.

Doch er, er kam nicht, er war noch nicht so weit. Denn sofort, nachdem sie mit einem Paukenschlag ihr Lied beendet hatte und Stille über sie kam, ließ er los und verstummte atemlos, aber hörbar erregt.

Petra bewegte dieses Ereignis sehr. Ihre Hand tastete sich über die nasse Marmorbank. Da war er. Sein behaarter Oberschenkel, fest und schwitzend wegen der heißen Umgebung. Er zitterte. Diese Situation hatte ihre ganz eigenen Intimität.

Zwei Fremde, gesichtslos. Sie der Regisseur und ER war nun der Akteur. So ließ sie ihre Hand, die nach ihrer Erregung duftete, auf seinem harten Schenkel liegen und drückte ihn sanft. Er verstand. Die rhythmische Bewegung seines Beines erzählte von seiner Lust, seinem Weg in den Himmel. Sie ließ los und er verstummte regungslos. Petra griff wieder zu. Nun blieb ihre Hand, wo sie war, denn auch er hatte verdient, das Ende der Oper zu erleben. Romeo und Julia vereint im kleinen Tod.

Als er gekommen war, stand Petra auf und verließ den Ort, der zur Orchesterhalle für zwei einander Unbekannte Fremde geworden war. Sie würde nie erfahren, wer er gewesen war. Aber sie würde ihn mit dieser Erinnerung nun immer in sich tragen. Vielleicht fand er den Weg auch öfter in die Sauna. Und vielleicht verbot sie sich in Zukunft, danach zu schauen, ob Badeschuhe vor der Grotte standen.

# Der Vollmond

Prickelnder Champagner tanzte ihre Kehle hinab. Das leichte Stechen, das die Luftbläschen dabei in ihren Hals zauberten, als sie zerplatzten, gefiel ihr ungemein. Die Hotelbar, die Wanda heute Nacht ein Zuhause schenkte, war nur leicht besetzt. Ein paar Nachtschwärmer und Messebesucher holten sich hier den letzten Schluck Leben, bevor sie sich zur Ruhe begaben. Wanda blickte zur Seite in das Gesicht eines Mannes, der sie mit dreckigem Grinsen bedachte.

Ob er der Meinung war, dass dies gut bei Frauen ankam? Sie zog eine Augenbraue hoch, dachte kurz: „Dummes Schwein!“ und widmete sich dann der Lektüre ihrer Tageszeitung.

Schnell die politischen Langweiler überflogen, denen es nicht mehr darum ging, was das Volk wollte, sondern die ausschließlich ihre Machtposition ausbauen wollten, dann las sie ihr Horoskop: „Liebe: Heute ist Ihr Tag! Es ist Vollmond, alles ist möglich.“

„Na, das klingt doch vielversprechend“, schmunzelte sie und genehmigte sich darauf noch einen Schluck ihres Lieblingschampagners: „Prost mein Mädchen. Prost mein Mond!“

Wanda war seit ihrer Jugend mondfühlig. Es hatte in ihrer Pubertät begonnen. Ungewöhnlich, was Hormone alles entfachten. Sobald Vollmond war, verspürte sie eine wachsende Unruhe aufbrodeln. Manchmal hatte sie sich dann aus ihrem Zimmer herausgestohlen und in das kühle Gras der Nacht gelegt, weil der Schlaf nicht zu ihr fand. Ihr Blick wanderte dann über die Sterne hinweg zu ihrem blassen Freund. Er ruhte so stark in sich, dass sich diese Magie auch auf sie übertrug. Sie fühlte sich dann stark. Unbeugsam. Das zarte Mädchen in ihr verschwand. Ihr Freund, der Mond, gab ihr das Gefühl von purer Energie und erweckte ihre weibliche Seite bis in die letzten Zellen hinein. So kam es des Öfteren vor, dass eine sehr junge Frau im Morgentau auf dem Rasen erwachte, um von ihrem Vater auf starken Armen wieder ins Haus getragen zu werden.

Seitdem fühlte sich Wanda dem Himmelsgestirn dort oben stark verbunden. Der Mond schenkte ihr Mut und Kraft. Ihr konnte nichts geschehen, so lange er dort oben jede Nacht aufging, um einmal im Monat zu voller Blüte zu reifen.

„Lady?"

Wandas dunkle Augen blickten fragend von der Zeitung auf.

„Von dem Herrn dort drüben."

Der Barkeeper stellte ein weiteres Glas Champagner vor sie auf den dunklen Holztresen. Wanda zuckte mit den Schultern und prostete *Mr. Ichbinunwiderstehlich* nebensächlich zu. Ohne ihn dabei eines Blickes zu würdigen. Ihre Augen wendeten sich wieder dem Stück Papier zu, welches sie in der Hand hielt.

Die Wettervorhersage versprach für morgen klare Luft. Wenigstens etwas bei dieser Kälte da draußen. Bisher war es eher wolkig. Sie grinste in sich hinein, schaute kurz *Mr. Ichschleppealleab* an. Die Lust zu spielen kam in ihr auf und Wanda schlug ihre benylonten schlanken Beine so übereinander, dass Mr. Grinsebacke einen Blick auf die Innenseite ihres Oberschenkels erhaschen konnte. Wundervolle porzellanblasse Haut. Er leckte sich gierig über seine Lippen. Wahrscheinlich war er gewohnt, dass die Frauen ihm auf's Zimmer oder wohin auch immer folgten.

Wanda war eine Offenbarung für die Männerwelt. Hatte etwas Animalisches an sich. Etwas, was den Puls der Kerle schneller schlagen ließ. Sie nippte an Glas Nummer 2. Ihre Lippen hinterließen einen blutroten Fleck Lippenstift auf dem Glas. Ein Lächeln umspielte ihre Lippen, als sie ihm unverwandt in die Augen schaute. Er grinste überheblich zurück. Okay, das reichte. Ihr Blick wurde wieder von der Zeitung angezogen.

Hier prangte in großen Lettern: „Tötet der Vollmondkiller heute wieder?"

„Meine Güte!" Wanda fröstelte es. Was für eine Schlagzeile. Wer dieser Kerl wohl war? Seit ein paar Jahren tauchte er bei jedem Vollmond auf und schlitzte seine Opfer mit einem Skalpell auf. Manchmal fehlten ihnen Körperteile oder Innereien. Allerdings war der Serienmörder, den sie Vollmondkiller nannten, mittlerweile auf die letzte Seite gerutscht. Als die ersten Morde geschahen, prangte er noch riesengroß auf der Titelseite. Doch anscheinend gewöhnt sich die Menschheit an Mord. So fand er zwar noch Aufmerksamkeit, jedoch war sie bloß noch sekundärer Natur. Wie schnell der Tod für die Menschen doch alltäglich wird.

Wanda las den Text aufmerksam durch. Der Killer überwältigte seine Opfer stets in der Vollmondnacht in Nebenstraßen. Dort lauerte er, schlitzte sie auf und ließ sie wie weggeworfen liegen, wie ein Stück Schlachtvieh verbluten. Die Kraft, mit der er seine Opfer überwältigte, ließ auf einen sehr großen Mann schließen. Sie rieb sich die Oberarme warm und griff wieder zum Champagnerglas.

„Schmeckt der Champagner?"

Bitte nicht! Wanda faltete die Zeitung genervt zusammen. Ihre roten Fingernägel strichen langsam über das raschelnde, oft benutzte Papier. So langsam fühlte sie sich unbehaglich. Sie strich eine dunkle Locke hinter ihr Ohr und blickte den Barnachbarn unverwandt an.

Diese Kellerassel kam ihr zu nah. Wanda schaute ihn unverblümt an: „Was kann ich für Sie tun?"

Mr. Grinsebacke grinste noch breiter.

„Ich dachte, wenn Sie nun schon meine Einladung zum Champagner angenommen haben, könnten wir zwei Hübschen etwas plaudern. Sie sind einsam, ich bin einsam, wir könnten doch gemeinsam einsam sein."

Er legte ihr eine Hand auf die nackte, zarte Schulter. Warum hatte sie bloß das schulterfreie Kleid gewählt! Draußen war es schweinekalt. Doch Mrs. Supersexy musste ja unbedingt aufreizend in einer Bar sitzen.

Er war groß, circa. einen Meter neunzig.

Mit ihren Heels kam sie auf einen Meter zweiundsiebzig. Wanda war zierlich. In der Schule war hatte sie den Spitznamen Floh gehabt. Als sie in die Pubertät kam, wuchs sie zwar nicht zur Giraffe heran, jedoch bekam sie Kurven an den richtigen Stellen. Feste Brüste und einen wohlgeformten Po. Ihre Schenkel und Waden waren durch ihren geliebten Sport straff. So wurde aus Floh irgendwann Wanda, die erotische Offenbarung.

Ein guter Friseur hatte ihre krause Mähne in große Locken verwandelt, die weich ihr feines Gesicht mit den tiefbraunen Augen umspielten. Sie lernte, mit Make-up umzugehen, betonte ihre Augen und vollen Lippen. Lippen, die Männer verwöhnten und die verheißungsvoll Lust versprachen. Sie war allerdings keine Frau für Beziehungen. Meist waren jene nur von kurzer Dauer, denn sie war ein Alphaweibchen und entschied gerne frei, anstatt auf faule Pärchenkompromisse einzugehen.

Wieder schaute sie auf seine große Hand, die, nachdem Wanda sie entfernt hatte, nun ihren Platz auf ihrem entblößten Oberschenkel gefunden hatte. Seine Finger umspielten den Rand ihrer Strapsstrümpfe. Sie liebte Strapse, weil sie ihren Po so hübsch einrahmten. Zusätzlich gaben sie ihr das Gefühl, nackt zu sein, wenn ein Barhocker überraschend kühl an ihren Oberschenkeln leckte.

„Ach. Ich sage Ihnen mal etwas."

Sie rutschte näher an ihn heran. Ihr Knie teilte seine Beine. Überrascht starrte er sie gierig an. Wandas schlanker Körper kam ihm lasziv näher. Die roten Fingernägel kratzen eine Linie von seinen Lippen über den Kehlkopf die Krawatte hinunter und endeten kurz unterhalb seines Gürtels. Noch einmal ließ sie die Krawatte durch ihre schlanken Finger gleiten und zog so sein Gesicht an ihre Wange. Ihr Gurren hallte bis in den Teil seines männlichen Körpers, der sich gerne dann aufstellte, wenn es heiß wurde – was nun der Fall war.

„Baby, gut zuhören!"

Sie leckte leicht über sein Ohr. Er zitterte und wollte sie.

„Wenn ich mit jedem dahergelaufenen Typen, der mir ein Glas Champagner ausgibt, ficken würde, käme ich nicht mehr in die Vertikale hoch."

Verblüfft und wütend schaute er sie an. Seine Augen spieen Hass. Er atmete kurz ein, zog seine Hand zurück, entriss ihr die Krawatte.

„Du arrogantes Weib. Man sollte dir deine Hochnäsigkeit austreiben!"

Fluchend schob er sich wieder auf seinen Barhocker zurück.

Seltsamer Freak. Wanda schüttelte den Kopf.

Sie widmete sich wieder dem Artikel.

Sie verstand nicht, wie man nachts in Seitenstraßen seinen Heimweg suchen konnte, wenn es doch Taxen gab.

„Zahlen!"

Der Barkeeper nickte ihr wortlos zu.

„Das zweite Glas bezahle ich selbst, sonst kommt er noch auf die Idee, das sei die Bezahlung für heute Nacht."

Das Gesicht des großrahmigen Kerls schaute sie mit unverwandter Aggression an. Ein wenig mulmig wurde ihr, jedoch ließ sie es sich nicht anmerken. Seltsamer Kauz. Die anderen hielten sich normalerweise bedeckt, im Moment der Abfuhr. Er aber nahm es persönlich.

Als sie zur Garderobe ging, bemerkte sie aus ihren Augenwinkeln, dass er ebenfalls zahlte.

Schnell in den Mantel geschlüpft. Bloß weg. Rasch schlang

sie den Schal um ihren Hals. Kalt! Sie trat vor die Tür.

„Hallo, Mond! Ab nach Hause. Pass gut auf mich auf! Der Typ ist mir unheimlich."

Der Mond deckte sich jedoch gerade mit einer Wolkendecke zu. Wanda ging in ihren Lackschuhen zur Straße und hielt Ausschau nach einem Taxi. Als das fünfte an ihr vorbeigefahren war, entschied sie sich, die zwei Kilometer zu laufen. Es hatte geschneit. Ihre Heels rutschten auf dem Schnee, und sie musste aufpassen, nicht aus dem Gleichgewicht zu kommen. Menschenleere Straßen, die nur durch die Scheinwerfer ein paar vorbeifahrender Autos erhellt wurden. Die Nacht war leicht bewölkt. Der Himmel zeigte zwischen den Wolken sein schönstes Gesicht. Die Schneewolken hatten sich verzogen und leuchtenden Sternen Platz gemacht. Der Mond jedoch versteckte sich.

„Okay, kein Problem. Du passt doch trotzdem auf mich auf, nicht wahr?"

Sie blickte hoch. Keine Antwort. Dann musste es eben alleine gehen. Mit klarem Schritt ging sie die Straße hinunter. Es war kalt, schweinekalt. Diese Kälte fror ihre Gesichtszüge nahezu ein.

Sie ging an Häusern vorbei, in denen hier und da das Licht eines Fernsehers flackerte. Gegen drei Uhr morgens war dies eine Seltenheit. Hinter einem Fenster hörte sie ein lustvolles Stöhnen. Wanda grinste. Schön, wenn Menschen es miteinander trieben. Purer Instinkt. Menschen haben ihre Instinkte so gut unter Kontrolle. Nur beim Sex, da nicht. Die meisten waren zwar etwas verkrampft, dennoch ging es dabei um Leidenschaft. Gleiches galt für Wut und Hass. Auch hier war das Animalische etwas, das sich mit aller Macht emporkämpfte.

Aus einer anderen Wohnung hörte sie lautes Gebrüll. In ihr kam Abscheu hoch. Das war der Grund, warum sie bisher Beziehungen gemieden hatte. Diese Aggressivität mancher Männer hatte ihr die Kindheit vermiest.

Ihr Vater war ein Choleriker gewesen, der seiner Frau ab und an das Gesicht grün und blau geschlagen hatte. Aus reiner Lust an der Misshandlung. Wanda hingegen war seine Prinzessin gewesen, die er über alles beschützt hatte. Aber vor der Liebe seines Lebens machte er keinen Halt. Schreckliche Erinnerung an ihre Kindheit. Wem sollte sie also schon vertrauen können, wenn selbst der eigene Vater keinen Respekt vor Frauen hatte? So hatte sie sich hier und da sogar in ein paar Affären mit Frauen geworfen. Hin und wieder auch mal für eine Nacht einen Mann genossen. Aber etwas Festes war eben nie zustande gekommen. Es war besser so. Sicherer.

Die Einsamkeit umschloss sie. Noch nicht mal ihr Verbündeter, der Mond, war bei ihr. Sie balancierte durch den Schnee, fühlte sich unbeholfen.

Wanda dachte an ihre Familie. Traurigkeit überfiel sie. Manchmal ist das Leben einfach scheiße. Die Kälte schnitt ihr in die Unterschenkel und kroch nach oben. Die dünnen Nylons hielten sie nicht fern. Strapse waren bei diesem Frostwetter keine gute Idee. Der Schmerz auf der Haut schärfte aber ihre Sinne.

Und so kam es, dass sie hinter sich das Knirschen im Schnee hörte: Das Knirschen von den Schritten eines Mannes. Im Gegensatz zu ihren eigenen unbeholfenen waren diese sicher, kraftvoll. Sie klangen wie der Takt von Marschmusik. Wanda verfluchte ihre Heels. Normalerweise brachten ihr diese Schuhe stets einen Vorteil im Job. Öffneten Türen, die anderen verschlossen blieben. Der Einsatz ihrer Weiblichkeit half, Ziele zu verfolgen. Aber dies hier war kein Job, das nahm langsam Formen einer Flucht an. Sie bemühte sich, ihre Schritte zu beschleunigen. Doch Wandas Verfolger schien dies zu amüsieren, denn er passte seinen Takt an. Knirsch, knirsch, knirsch, knirsch ...

Neben ihr erschienen Schaufensterscheiben. Sie warf einen Blick hinein und ihr wurde bewusst, wer sie verfolgte: Der Schmierfink aus der Bar. Ihr Herz setzte einen Schlag aus.

Sie war zu weit gegangen. Ebenso knallhart, wie die Kälte ihr durch Mark und Bein schnitt, wurde ihr das nun bewusst.

Sie überlegte fieberhaft, wohin nun ihr nächster Weg sie hinführen könnte. Hektisch blickte sie nach rechts und links. Eine kleine Seitengasse zog ihren Blick an. Sie blickte hinauf. Immer noch zeigte sich der blasse Erdtrabant nicht.

„Nicht gut! Gar nicht gut!“

Schnell schlug sie den Weg nach links ein. Doch noch schneller wurde ihr der Fehler ihrer Entscheidung bewusst: Kopfsteinpflaster!!! Komplett ungeeignet für hochhackige Schuhe. Umso mehr, wenn es geschneit hat. Die großen Fugen nahmen begeistert den Kampf mit ihren Heels auf. Jede Fuge schien ein Abgrund zu sein. Ein Abgrund, der ihren Vorsprung kleiner werden ließ. Die Gefahr wuchs, jedes Stolpern brachte ihren Verfolger näher heran. Sie balancierte über das Pflaster. Verlor das Gleichgewicht. Knickte um. Fiel auf die Knie, rappelte sich wieder auf, um in Bewegung zu bleiben. Ihre Hände brannten, weil sie bei dem Sturz tiefe blutige Kratzer abbekommen hatten. Doch ihr Verfolger schien belustigt, denn sein Lachen füllte nun die schmale Gasse. Die Jagd machte ihm Spaß.

Dieser perverse Wichser!!! Sie hoffte auf Menschen, eine Tür, die sich öffnete. Auf irgendeinen Ausweg. Doch dann wurde ihr mit einem Mal klar, wo sie war. Eine Seitenstraße!!!

Der Vollmondkiller mordete stets in Seitenstraßen. Schlagartig wurde ihr dieses bewusst.

Wanda kämpfte gegen die aufkeimende Panik an. Nun wurden die Schritte ihres Verfolgers schneller. Immer näher kam er. Und dann hörte sie es:

„Bleib stehen, du billiges Flittchen!“

Wanda blickte geradeaus. Die Gasse war zu lang. Sie würde es nie schaffen, ihm zu entkommen. Sie spürte Resignation emporsteigen. Es gab keinen Ausweg. Er war schneller, stärker. Sie blieb stehen. Drehte sich langsam um.

Da war er. Anzüglich grinsend. Seine breiten Schultern schienen die gesamte Gasse auszufüllen. Der Schatten, den er im Licht der Straßenlaterne warf, schien der eines Riesen zu sein.

Wanda blickte ihn an.

„Du meinst wohl, dass du das Recht hast, Männer wie ein Stück Scheiße zu behandeln. Frauen wie du brauchen eine Tracht Prügel – oder sogar noch härtere Strafen!“

Er kam bedrohlich näher. Sie stolperte rückwärts. Ihre Hände brannten, ihre Füße wollten wieder umknicken. Sie war gefangen. Wie eine Ratte in der Falle.

Der erste Schlag traf sie mitten ins Gesicht. Die Wucht schleuderte sie zu Boden.

„Komm hoch, du Miststück!“

Er griff ihr in die dunklen Haare und zerrte sie unbarmherzig nach oben. Wanda wusste, dass, wenn nicht gleich ein Wunder geschah, sie nicht überleben würde. Der Vollmondkiller! Die Gewissheit schoss ihr erneut durch das Hirn. Ihr Blut schien zu erfrieren. Er mordete in Seitengassen. Ein schwerer Mann. Die Panik schwoll in ihr an wie ein Vulkan. Tränen des Schmerzes rannen ihre Wangen hinab.

„Das war ja klar. Erst deine Fresse aufreißen und nun heulen. So seid ihr doch alle. Ihr Weiber, die ihr aufreizend an der Bar sitzt. Was kotzt ihr mich an!“

Als seine Hand ihre Kehle umschloss und sie gegen die Wand drückte, schrie sie tonlos auf. Sein Körper drängte sich kurz gegen ihren. Eine Hand schob sich unter ihren Rock, griff fest zwischen ihre nackten Schenkel und drang brutal in sie ein.

„Bitte nicht! Bitte, bitte nicht!“

Sie bettelte um ihr junges Leben. Das durfte so nicht zu Ende gehen. Aber es gab keine Chance auf Entkommen. Kurz dachte sie noch an ihr Handy, das unbenutzt in ihrer Handtasche schlummerte. Warum hatte sie nicht daran gedacht? Nun fehlte ihr die Kraft, danach zu greifen, denn sie kämpfte um Sauerstoff.

Sein Knie schob sich zwischen ihre Schenkel, drängte diese machtvoll auseinander.

„Das magst du doch, oder?“

Schmierig begann seine freie Hand, aus ihrem Unterleib herausgezogen, ihren Körper abzutasten. Ihr wurde übel.

Der ekelhafte Kerl spuckte ihr ins Gesicht. Demütigend lief ihr sein Speichel über die Augen und über die Lippen. Er wischte ihn gierig über ihr Gesicht.

„Das ist doch genau das, was du willst, oder? Los, sag was!“

Angewidert blickte sie ihm mit hasserfüllten und gleichsam traurigen Augen an. Sie schloss mit ihrem Leben ab.

Ein letzter Blick nach oben. Sie musste sich verabschieden von ihrem besten Freund. Dem Quell ihrer Kraft. Dem blassen Ballon, dem Beschützer seit ihrer Jugend: dem Mond.

Die Wolken verbargen ihn immer noch. Wanda begann zu beten. Während die Hand des Mörders sich nun immer fester um ihre Kehle schloss. Die Panik tobte wie ein Orkan in ihr. Sie erstickte.

Warum war sie bloß zu Fuß gegangen? Tränen füllten ihre braunen Augen. Sie blickte erneut nach oben. Noch zwei Versuche eines Atemzugs, dann war es sicher vorbei.

Und dann plötzlich, ohne Vorwarnung, zeigte er sich: der Vollmond. Plötzlich durchfuhr Wanda ein elektrischer Schlag. Eine massive unfassbare Kraft durchflutete ihren Körper. Nahm Besitz von jeder einzelnen Zelle. Sie blickte ihrem Angreifer fest in die Augen und beobachtet, wie er sie entsetzt aufriss. Das Schmatzen, das die klare Luft der Nacht durchschnitt, war ohrenbetäubend. Wanda legte den Kopf schräg. Schnupperte mit glasklaren Sinnen. Der metallische Geruch von Blut erfüllte ihren Kopf. Der Mann schaute mit einer Mischung aus Verwunderung und Entsetzen auf sie hinab. Messerscharfe Krallen einer haarigen Pfote schlitzten seinen Bauch in Zeitlupe auf. Der Wüstling stammelte Laute, die niemand außer ihm verstand. Sein Blut tropfte zäh auf den Gehsteig.

Doch Wanda war nicht mehr die zarte Wanda. Sie war das Wesen, das der Vollmond in ihr weckte, wuchs rasend schnell. Ihr filigraner Körper verwandelte sich vor den panisch aufgerissenen Augen des Mannes in eine haarige Bestie, die auf Rache aus war. Ein tiefes Knurren grollte durch die Gasse. Der vorher noch aggressive Angreifer röchelte nun blutspuckend und verzweifelt in die Nacht hinein und klammerte sich an den letzten Funken Hoffnung fest. Kämpfte unter unsäglichen Schmerzen darum, den verbliebenen Hauch Lebensmut nicht loszulassen. Die Krallen jedoch zeigten keine Barmherzigkeit, schnitten sich durch Unterleib und Magen bis hin zum Kehlkopf. Der letzte Gedanke des Zerfleischten galt der Zeitung, die er heute gelesen hatte. Der Vollmondkiller!

Als sein lebloser Körper zusammensackte und der letzte Tropfen seines Lebens in den Fugen des Kopfsteinpflasters blutrot versickerte, blickte sie knurrend auf ihn herab, warf den vollends behaarten Schädel zurück und heulte triumphierend in die einsame Nacht hinein.

Dann lief das Geschöpf des Mondes kraftvoll auf allen Vieren fort. Fort von dem Ort der Zerstörung. Hin zu seinem besten Freund: dem Vollmond.

Wanda erwachte nackt auf dem Rasen hinter ihrem Haus. Wie war sie bloß hierher gekommen? Sie musste dem Angreifer entronnen sein. Doch wie? Gähnende Leere machte sich in ihrem dröhnenden Kopf breit. Die

Erinnerung war weg. Dann flackerte ein kurzer Blitz der Erinnerung auf: Ihr Freund, der Mond, hatte ihr geholfen. Das wusste sie noch. Auch noch, wie stark sie sich urplötzlich gefühlt hatte. Der Rest war weg. Filmriss.

Sie rappelte sich irritiert auf. Ging barfuß ins Haus. Wo zum Henker war ihre Kleidung? Suchend irrte ihr müder Blick umher. Frierend ging sie ins Haus, benutzte dazu den Ersatzschlüssel, der stets hinter dem losen Stein in der Hauswand für alle Fälle verborgen lag.

Wanda drehte den Duschhahn auf. Warmes Wasser streichelte ihre schmerzenden Muskeln. Das seltsame Gefühl, etwas Wichtiges im Hinterkopf fest eingemauert zu haben, floss ihren Körper hinab. Sie schäumte sich ein. Rieb die brennenden Muskeln. Ihre Augen folgten träge dem Weg des Schaums, als sie plötzlich bemerkte, dass dieser sich auf den weißen Fliesen rot färbte. Erstaunt bückte sie sich, nahm sich ein wenig davon auf die Hand und legte den Kopf schräg. Grübelnd betrachtete sie den Seifenschaum. Seltsam. Seit wann ist Vanille rot?

Ihre Hand hob sie zur Nase. Dann schloss sie ihre Augen und sog den Duft ein. Das kam ihr bekannt vor. Was war es bloß? Ihr Hirn arbeitete auf Hochtouren. Sie öffnete die Augen und schaute genauer hin. Langsam stieg das Verstehen empor. Doch es war nur ein dichter Nebel, mehr nicht. Waberte in Bodennähe vor sich hin. Ach, egal. Sie würde das Duschgel umtauschen. Sicher eine Fehlproduktion.

Sie wusch sich schnell ab, ging hinunter in die Küche. Auf dem Weg dorthin griff sie zur Tageszeitung, die durch den Briefschlitz in den Flur gefallen war.

Oh, mein Gott! Der Vollmondkiller hatte wieder zugeschlagen!

Ein weiteres Opfer. Ein Mann. Wie immer. Sie überflog den Artikel, während sie sich die Haare trocknete. Der Killer musste wirklich unmenschlich stark sein. Einzelheiten über den Ort oder wer es gewesen war oder über das arme Opfer gab die Polizei zum jetzigen Zeitpunkt nicht preis. Nur, dass der Ermordete wieder einmal von einem Skalpell aufgeschlitzt worden war. Schlimmer denn je. Er muss sehr gelitten haben.

Sicher so ein armer Tropf, der sich verlaufen hatte. Ein Obdachloser vielleicht. Wozu Menschen doch fähig waren. Furchtbar. Diese animalische Aggressivität des Mörders entsetzte sie. „Brrrrrrrrr, welch furchtbare Sache!“

Wanda musste sich ablenken, um das eklige Gefühl, das an ihr klebte, loszuwerden. Sie schaute auf den Kalender, nahm einen Stift und malte lächelnd einen schwarzen Kreis um ein Datum.

Noch vier Wochen, dann war es wieder so weit. Bis dahin musste sie einfach durchhalten, damit sie ihn wieder begrüßen konnte. Ihren besten Freund, ihren Beschützer: den Vollmond.

## Das Fotoshooting

Ping ...

Eine neue Email hatte den Weg in ihr Postfach gefunden. Sie bekam des Öfteren Mails von Fotografen, die sogenannte TFP-Shootings anboten. TFP steht für „Time for Print“ und bedeutet in aller Kürze, dass man kein direktes Honorar für den Modeleinsatz erhält. Stattdessen werden die entstandenen Fotos des jeweiligen Shootings auf CD gebrannt, die man dann für Eigenwerbung in Form von Setcards oder für Websiten nutzen darf. Es gibt zwar kein Geld, aber dafür ab und an hübsche Fotos.

Sie war nun seit einem Jahr Model. Dieser Job gab ihr Gelegenheit, ihre geheimsten Leidenschaften auszuleben. Er hatte eine gewisse Anonymität, denn es gab einfach sehr viele Models auf der Welt. Man traf sich, machte Fotos, manchmal machte man auch mehr, und genau das war es, was sie daran kickte. Das Mehr. Die Fotos waren für sie ein angenehmer Nebeneffekt.

Mit dem sie ihre Reisen zum Meer finanzierte.

In der virtuellen Modelkartei hieß sie Monicaa. Mit zwei a, da es zu viele Monicas gab. Ihr richtiger Name war eigentlich Margret, aber Monica verkaufte sich besser. Klang spritziger und lebendiger. Schlanker halt. Monicaa mit zwei a hatte ihr bereits einiges an Geld eingebracht, was Monica mit einem a nicht bekommen hätte. Gutes Marketing.

Die Email, die an diesem Morgen ihre volle Aufmerksamkeit erhielt, gehörte zu einem gut aussehenden Fotografen aus Berlin. Peter war spezialisiert auf Aufnahmen, die wagemutig waren. Entweder durch die Wahl der Location oder auch aufgrund des Motivs. Sie klickte sich durch seine Website.

„Hi, Monicaa,

hab mit Interesse deine Fotos gesehen und Lust auf ein Shooting. Hier meine Website, damit du weißt, dass du keinem Irren aufzusitzt. Oder vielleicht doch? :-)

Take care, Peter.“

Er klang nett. Sympathisch und cool. Präzise, nicht herumschleimend, dreist, aber dabei witzig.

Monicaa fand seine Bilder gut und ihn interessant. Also eine perfekte Kombi, um ausdrucksstarke Fotos zu kreieren. Zusätzlich war sie überzeugt, dass eine erotische Grundspannung einem weiteren Fotoabenteuer die richtige Würze geben könnte. Sie schaute sich sein Profilbild genau an und zoomte sich die Augen groß. Sie stand auf Augen. Immer schon. Die Augen seien das Tor zur Seele, hatte ihre Mutter ihr immer gesagt. Peters Augen waren warm. Dunkelbraun mit langen Wimpern. Fürsorglich. Sie hatten ein leichtes Glitzern, und sie freute sich bereits jetzt darauf, sie live zu sehen. Dieses Glitzern hatte ihre Neugierde geweckt. Gradlinige Typen waren ihr ein Graus. Wer brauchte schon einen Langeweiler im Bett?

Der Zug war schnell gebucht, und so klingelte sie am vereinbarten Termin am vereinbarten Ort. Ihr obligatorischer Koffer für die Shootings war gepackt gewesen. Diesmal war ein Wäscheshooting geplant und das brauchte nicht viel Platz. Gut gelaunt bestieg sie den ICE. Berlin, ich komme!

Nun stand sie vor der Tür der angegebenen Adresse. Niemand machte auf. Das irritierte sie leicht. Der Hauseingang lag in einem Hinterhof. Bisschen einsam, fand sie. Aber für das, was geplant war, genau richtig. Sie schmunzelte in sich hinein und atmete tief durch. Schüttelte die Gänsehaut ab, die sich ihren Weg den Rücken hinauf bahnte. Eine einsame, schwarze Katze lief über den Hinterhof und schenkte ihr arrogant nicht den Hauch von Aufmerksamkeit.

Monicaa schmunzelte. War das etwa ein schlechtes Zeichen? Ach Quatsch ... Sie kicherte. Du bist ein elendes Waschweib.

Sie drückte wiederholt den verrosteten Klingelknopf,

als die Tür mit einem lauten Brummen endlich nachgab. Irgendwie war alles modrig und verwest. Die Tür selbst knarrte, die Scharniere knarrten und sogar die ehrwürdige Holztreppe knarrte. Hatte etwas von einem Geisterhaus. Bisschen gruselig.

Er hatte am Telefon gefragt, ob sie in der Lage sei, sich selbst zu schminken. Eine Visagistin wäre buchbar, aber dann müsste man sich die Kosten teilen.

„Aber sicher!", hatte sie gesagt. „Ich bin sehr geschickt und mache das oft selber."

Peter hatte schnell zugestimmt. Ihm fehlte bestimmt Kleingeld, um seinen Junggesellenkühlschrank zu füllen. Bevor so eine abgehalfterte Kosmetikerin an ihr Hand anlegte, war die Alternative, sich selbst zuzupudern, die wahrlich bessere Wahl. Also kam zum Bordkoffer noch ihr silberner Alukoffer mit ihrem Spielzeug hinzu, welches dem Setting den letzten Schliff und ein grandioses Finish geben sollte.

Etwas hatte sie allerdings irritiert. Der Fotograf hatte gesagt, dass dieses Shooting für ihn eine Herausforderung sein sollte. Er wolle Grenzen sprengen und Tabus brechen. Manche Fotografen waren Freaks. Da musste man als Frau sehr auf sich acht geben. Sie pumpten sich mit Drogen voll, wollten einem an die Wäsche. Andere hatten sich lediglich eine Kamera gekauft, damit sie Frauen zum Ficken hatten. Waren im normalen Leben Mitglied im Angelverein. Monicaa war wachsam. Man wusste ja nie, an wen man nun wirklich geriet. Das Internet war anonym und so konnte sie theoretisch auch an einen schizophrenen Serienkiller geraten. Monicaa lachte. Als wenn sie einem Serienkiller aufsitzen würde, der zudem noch unter einer gespaltenen Persönlichkeit litt. Dass man als Model fotografierende Serienkiller traf, war genauso unwahrscheinlich, wie einem tätowierenden Metzger zu begegnen.

Ihre Mutter warnte sie zwar ständig, jedoch entlockte ihr so eine mütterliche Sorge nur ein müdes Grinsen.

Sie war jetzt 26, ihr Körper perfekt, weil sie ihn fit hielt. Sie hatte früher mal Medizin und Theologie studiert. Die Komplexität des Menschen hatte sie immens interessiert. Nur bekam sie letztendlich keine Antworten darauf, ob ein Mensch wirklich eine Seele hat. Enttäuscht hatte sie das Handtuch geworfen. Die Wahrheit musste irgendwo anders liegen.

Dann hatte sie, um ihre Fixkosten zu decken, begonnen, sich eine Modelkartei anzulegen. Und siehe da: Es funktionierte. Sie bekam einige gut bezahlte Jobs und hatte großen Spaß an den TFP-Shootings, weil sie ihr eine Freiheit boten, die normale Jobs nicht mit sich führten. Da lief alles so, wie der Auftraggeber es sich wünschte. Keine Zeit für ihre Spielereien. Ein Outfit nach dem nächsten. Neulich hatte sogar eine Frau auf TFP-Basis wirklich gute Fotos von ihr gemacht. Das gemeinsame Erlebnis nach dem Shooting war die lange Anreise wert gewesen. Was für eine Frau! Ihr erstes Erlebnis mit einer Geschlechtsgenossin. Es war sehr nah gewesen. Sehr speziell. Was sie in ihren Augen sehen konnte, war pure Hingabe. Sie hatte sich ein Andenken mitgenommen. Das tat sie hin und wieder. Immer dann, wenn sie das Gefühl hatte, dass es besonders war. Sie war halt romantisch veranlagt, und bisher hatte niemand bei ihr angerufen, um danach zu fragen. Hatte etwas von Ladendiebstahl. Es kribbelte immer noch, wenn sie es in Händen hielt. Ein kleines Einweckglas war ihre Schatztruhe. Diese Momente sollten ihr Leben lang bei ihr sein. Liebe und Leidenschaft. Wahrhaftigkeit. Wahre Hingabe und Tiefe. Oberflächlicher Sex war ihres nicht. War er nie gewesen.

Sie stieg die Treppe hinauf und schon wieder fröstelte es sie. Seltsam. So etwas kannte sie sonst nicht. Sie musste kurz an ihre Mutter denken, die sie sicher an den Haaren hier wieder hinausgezerrt hätte.

„Viel zu gefährlich, Margret! Es ist ein Hinterhof, und keine Menschenseele weit und breit!"

„Ja doch, Mama. Die Welt ist schlecht und Fotografen

sind frauenverspeisende Serienkiller."

Mütter!!!

Die Treppen waren ausgetreten und mit dieser alten Farbe bestrichen, die geronnenem Blut glich. Ochsenblut hieß der Lackton. Sie schüttelte sich. Tierblut zu vergießen war im Studium schon nicht einfach gewesen für sie. Bei dem Wort Ochsenblut musste sie würgen und machte lieber ein Kaminrot daraus. Tiere wollten beschützt und nicht getötet werden. Tiere konnten sich nicht wehren.

Die letzten Stufen waren genommen und da stand er also: Peter.

Barfuß, mit verwaschener Jeans. Rippshirt, lässige Silberkette mit Kreuz dran. Ein geflochtenes Lederband an seinem rechten Handgelenk. Die Haare kurz geschnitten und mit etwas Haarwachs gekonnt zerzaust, grinste er sie mit Dreitagebart unverschämt an. Lecker!

„Hi, Monicaa, ich bin Peter. Freut mich, dass du mich gefunden hast. Willkommen in der Höhle des Löwen."

Er kam auf sie zu, nahm ihren Koffer und raunte ihr ins Ohr: „Beziehungsweise das Vortor zur Hölle."

Sie schaute ihm in die lachenden, braunen Augen. Hmmm ... nicht schlecht, der gute Peter.

„Es sieht gemütlich aus, dein Vortor."

„Danke, komm herein. Es ist ein bisschen einsam, aber das hat auch Vorteile. Die wirst du sicher später kennenlernen."

Peter schaute sie an. Sein Blick sprach Bände. Da war etwas, das sie beunruhigte und ihren Magen kitzelte. Er schaute sie nicht nur an. Er schaute in sie hinein. Das taten wenige. Ganz wenige. Die Männer, die sie bisher kennengelernt hatte, waren an Äußerlichkeiten interessiert, nicht an ihrem Inneren. Das schien ihn vom Rest zu unterscheiden. Spannender Mann.

Sie schaute sich in der Wohnung um. Wohnung war nicht der richtige Ausdruck. Es war ein Loft. Genau genommen ein einziger großer Raum. Auf der einen Seite standen das Bett, die Küche, ein Esstisch, Schränke und eine alte Truhe. Die andere Seite des Raums war das Fotostudio. Hohe Decke, Fotorollen, diverse aufgebaute Locations und eine alte Militärliege waren Requisiten, die dort ein Heim gefunden hatten.

Beim Anblick der Liege wurde sie unruhig, da diverse Lederriemen von ihr hinabhingen. Was ging denn hier ab? Sie zog eine Augenbraue fragend hoch.

„Frag besser nicht. Es würde dich nur verunsichern oder dir Angst machen ... zum jetzigen Zeitpunkt."

Sie zuckte erschrocken zusammen. Er hatte sich barfuß von hinten an sie herangepirscht und ihr diese Worte direkt ins Ohr geflüstert. Konnte er etwa ihre Gedanken lesen? Das verunsicherte sie. Wenn sie etwas nicht leiden konnte, war es Verunsicherung ihrer Person. Sie war stark und das blieb sie auch. In jeder Situation. Verunsicherung war ein Luxus, den sie sich nicht leisten konnte oder vielleicht auch nicht leisten wollte.

„Okay, was willst du schießen?"

„Eine neue Serie. Der Blick in die Seele."

Überrascht schaute sie ihn an. Die Seele. Sie hatte nie erfahren, ob es sie wirklich gab, oder wo man nach ihr suchen konnte. Sie meinte, es zu wissen, aber es war mehr eine Ahnung. Sie blickte in Peters Augen und glaubte einmal mehr daran, dass eben jene das Tor dorthin waren. Dass sich hinter ihnen Welten auftaten, die unvorstellbar waren. Weit, hell – aber auch tief und dunkel.

„Gut, ich verstehe. Du brauchst also ein ausdrucksstarkes Augen-Makeup. Smokey Eyes und das dann vielleicht sogar verwaschen."

Er schaute sie ernst an. „Nein. Genau das nicht. Ich will nichts Geschminktes. Ich will etwas Echtes. Wahrheit, Wahrhaftigkeit. Pure Emotionen. Ich wollte keine Visagistin, weil ich eine intime Atmosphäre schaffen will zwischen uns beiden. Zwischen dir und mir. Ich will das nicht hemmen, indem du dich schminkst."

„Und das heißt?"

„Das heißt: Kein Makeup, meine liebe Monicaa. Bist du meiner Bitte nachgekommen, dich heute früh nicht mehr zu duschen?“

Ein wenig verwirrt nickte sie. Hatten sie nicht abgesprochen, dass sie sich schminken sollte?

„Ja.“

„Gut, dann zieh dich aus. Du sollst so privat sein, wie es nur geht. Ich will keine hygienisch reine, perfekte Welt, ich will dich und deinen Charakter, deinen Schweiß und deine Tränen.“

Seine Stimme hatte sich verändert. War rauer als zuvor. Es lag kein Witz mehr darin.

Er meinte es ernst!

„Du sagtest, es sei ein Wäscheshooting.“ Sie wurde schon wieder unsicher. Ihre Stimme klang jetzt wie die eines rotzigen Görs und nicht wie die einer erwachsenen Frau. Genau das passte ihr nicht.

„Ich weiß. Ich mag den Überraschungsmoment. Es sagen zu viele ab, wenn ich direkt sage, dass ich sie aktschießen will. Hast du etwa ein Problem damit?“

Bedrohlich schaute er ihr tief in die Augen, trat nah an sie heran. Zu nah.

Sie trat einen Schritt zurück. Trotz kam in ihr hoch. Aber auch eine Spur Angst.

Pah! Als wenn sie Angst vor einem Fotografen hatte. Sie hatte keine Angst. Noch so ein Luxusding.

Sie zuckte etwas zu lässig mit den Schultern und zog sich belanglos vor seinen Augen aus. Sein Blick wanderte ihren Körper hinab. Blieb grinsend zwischen ihren Beinen hängen.

„Rasiert. Gut so, Monicaa.“

Zornes- und Schamesröte stieg ihr ins Gesicht. Was bildete er sich eigentlich ein? Er ging zum MP3-Player und drückte darauf herum. Dunkle Klänge erfüllten den Raum, und so langsam fragte Monicaa sich, wo sie da hineingeraten war.

„Geh zur Liege, Monicaa. Setz dich drauf.“

Überrascht schaute sie ihn mit offenem Mund an. Das war kein Wunsch, das war ein klarer, nicht misszuverstehender Befehl. Wie frech! Na warte, großer, kleiner Peter. Dir zeig ich es!

Sie ging lässig zur Liege und platzierte sich dort. Dann schaute sie ihn arrogant an und steckte ihm herausfordernd die Zunge heraus, verbunden mit einem ausgestreckten Mittelfinger.

Er nahm sich sofort die Kamera und hielt auf sie drauf. Blitze hellten den Raum immer kurzzeitig auf und vermischten sich mit dem Klang der Dunkelheit. Es war eine Szenerie wie in einem dieser herrlich kranken Horrorfilme. „Saw" etwa war einer ihrer Lieblingsstreifen. Aber das hier ... Es kickte sie. Noch ...

Peter gab ihr kaum Anweisungen, was sie tun sollte. Er sagte immer wieder, dass er pure Emotionen wolle. Nichts Gespieltes. Kein Theater. Anfangs war es Trotz, dann war es Langeweile, danach war es so etwas wie Wut, was in ihr hochkam. Sie gab ihr Bestes, aber hielt ihr Inneres gut verschlossen bei sich. Zeigte ab und an ein Aufflackern ihrer selbst. Aber mehr nicht.

Als sie auf der Liege lag und dort lasziv räkelnd für ihn posierte, legte er plötzlich die Kamera weg. Sie lag da und schaute ihn fragend an. Ihren Blick fokussierend, nahm er einen der Lederriemen und schaute sie intensiv an. In ihren Augen lag eine Mischung aus Angst und Erregung.

„Echte Emotionen, Monicaa. Du meinst, mit mir spielen zu können. Ich mag aber keine Spiele. Sie langweilen mich zu Tode. Das ist Kinderkram. Ich mag erwachsene Dinge, die Realität, die sehr viele Facetten haben kann, wenn man es nur zulässt."

Der erste Riemen schloss sich um ihr Handgelenk, und sie spürte, wie er sie an die Liege fesselte.

„Als ich dein Foto da in der Modelkartei sah, dachte ich: Sie ist anders als all die anderen. Sie ist tiefsinniger und trägt ein Geheimnis mit sich. Etwas, was sie heraushebt. Sie besonders macht. Sie liebt die Gefahr und das

Abenteuer. Magie. Das alles fließt aus ihr heraus. Energie und Charisma pur. Ich will es fotografieren. Festhalten. Es waren schon einige Mädchen hier in diesem verlassenen Hinterhof. Die meisten waren nichtssagend. Wollten nur ihr eigenes Ego aufpolieren oder langweiligen Sex mit mir."

Er zuckte mit den Schultern.

„Manche aber waren es wert, dass ich ihnen das gab. Manche ließen mich ganz kurz an ihrem Innersten teilhaben. Ich bin jedoch selten dorthin vorgedrungen, was mich wirklich interessiert. Dorthin, wo man sonst niemals vordringt. Dorthin, wo man nur, wenn man ganz alleine ist, den Weg hin findet. Unbeobachtet und zutiefst verletzbar. Du magst doch die Gefahr, nicht wahr, Monicaa?"

Sie lauschte seinen Worten. Er war hypnotisch. Sie wusste genau, wovon er sprach. Sie, die ihr Innerstes versteckte und behütete, damit niemand ihr wahres Ich erkannte und sie ablehnte. Sie war stets ein Kind der Sonne gewesen, des Lichts. Aber es gab auch die andere Seite. Die der Nacht. Einer mondlosen Nacht. Einer Dunkelheit, so abgründig, dass es selbst sie erschreckte. Ihr Atem wurde seltsamerweise ruhiger, obwohl ihr Herz ihr wild gegen die nackte Brust hämmerte.

„Monicaa, hör mir gut zu. Ich habe wenigen erlaubt, mich zu berühren. Mit meiner Seele zu tanzen. Physisch waren es einige, aber nicht auf einer höheren Ebene. Ich lebe gerne hier im Hinterhof. Der Nachteil ist, dass man hier halt sehr einsam lebt. Es kommt selten Besuch vorbei."

Nun waren ihre Arme und Beine fixiert. Sie versuchte herauszufinden, wie viel Spielraum sie hatte, um sich zu wehren. Ihre Beunruhigung stieg. Zu allem Übel schob er nun auch noch ein altes Küchenhandtuch in ihren Mund. Was würde das bloß?

„Hattest du eigentlich gar keine Angst , dich einem wildfremden Mann zu nähern, den du nur aus dem Internet kennst?“ Sein Mund war direkt neben ihrem Ohr. Sein Geruch und Atem erreichten sie an ihrer empfindlichsten Stelle.

„Du weißt doch sicher, wie viele Männer diese Situation schamlos ausnutzen. Böse Männer. Es gibt sie wirklich, Monicaa. Männer, die Frauen benutzen. Männer, die Frauen töten. Dabei wirken sie doch so nett. Den meisten sieht man es nicht an. Meine Mutter warnte mich als Kind immer vor dem bösen schwarzen Mann. Deine Mama dich doch sicher auch. Es ist erstaunlich, wenn man ihn irgendwann in sich selbst entdeckt. Den bösen, schwarzen Mann.“

Er schaute sie spöttisch und von oben herab an.

„Wenn man beginnt, Spaß daran zu haben, den Fliegen die Flügel auszureißen. Augen sind der Spiegel der Seele, und deine sind so tief wie schwarze Seen. Ich weiß nicht, was sich dahinter verbirgt, Monicaa, aber ich will es wissen. Und jetzt werde ich es herausfinden.“

Er ging zur Küche und öffnete eine Schublade. Als er sich umdrehte, hatte er ein Brotmesser in der Hand, spielte mit der gezackten Klinge, die selbst der stärksten Kruste zeigte, wer das Sagen hatte.

Ihre Augen konnten sich nicht vom Messer lösen. Sie schaute fasziniert auf die gezackte Klinge, die gerade ihre Bestimmung, das Durchschneiden von Frühstücksbrötchen, komplett verlor.

Mit einer glasklaren Gewissheit, die ihre Reißzähne nun tief in Monicaas Genick schlug, tauchte sie ab in ihre eigene Welt. Sie zerrte an ihren Fesseln. Vergeblich. Hätte sie bloß auf ihre Mutter gehört, sie dumme Kuh! Sie liebte die Gefahr, aber das hier ging zu weit. Viel zu weit. Das wird er nicht tun. Niemals.

Er richtete die Blitzanlage komplett neu aus. Stellte die Kamera auf ein Stativ, direkt vor ihr Gesicht, und nahm den Selbstauslöser in die linke Hand.

„Beruhig dich, Monicaa, er will nur fotografieren!“, dachte sie zitternd.

Dann nahm sich seine rechte Hand das Messer. Ihre neu gewonnene Zuversicht war mit einem Schlag weg. Peter streichelte mit der scharfen Spitze zärtlich ihr Gesicht. Fuhr den Hals hinunter bis zu ihrem Herzen.

„Ich sagte dir, dass es Vorteile hat, so abgeschieden zu leben."

Nun packte sie Panik. Sie dachte an die Katze, die ihr über den Weg gelaufen war. Das einzige Wesen weit und breit.

„Der wahre Vorteil ist: Niemand hört deine Schreie, Monicaa."

Das blanke Entsetzen stieg in ihr hoch. Sie war wirklich einem Psychopathen ins Netz gelaufen. Sie, die zwar die Gefahr liebte, aber die nie im Leben damit gerechnet hatte, dass ihr so etwas selbst widerfuhr. Monicaa schaute ihm in die Augen. Diese warmen, dunklen Augen. Selbst jetzt sahen sie nicht nach denen eines Killers aus. Sie verstand das alles nicht. Suchte nach Antworten. Suchte nach den richtigen Fragen.

„Monicaa?"

Sie schaute ihn gebannt an.

Er hob das Küchenmesser und gleichzeitig den Selbstauslöser. Er würde Fotos von ihr machen, während sie starb. Wahre Emotionen. Sie schloss mit ihrem Leben ab.

„Der Moment ist gekommen, Monicaa. SCHREI!"

Sie spuckte den Lappen aus. Als das Messer hinunterfuhr und die Blitzanlage den Raum erhellte, schrie sie. Sie schrie zum zweiten Mal in ihrem Leben aus Leibeskräften. Zum ersten Mal bei ihrem ersten Atemzug und nun bei ihrem letzten.

Das Messer steckte neben ihrem Kopf in der Liege und Peter grinste sie an.

„Das werden geile Fotos!"

Sie war nicht tot? Doch, sie musste es sein. Sie war nur in einem Paralleluniversum, in welches man eintrat, wenn man hinüberging in die andere Welt. Damit man sich langsam an den Gedanken gewöhnen durfte, nicht mehr nach Hause zu können. Um sein bisheriges Leben hinter sich zu lassen. So war es also, wenn man starb. So leicht?

Ihre tränenüberströmten Augen öffneten sich. Sie blinzelte und schaute in sein lachendes Gesicht.

„Deine Fotos werden den Titel ‚Angst' bekommen. Du warst einzigartig. Du bist meine Muse."

Sie verstand nicht. Ihr Blick wanderte nach rechts. Sie war immer noch im Loft. Dort, wo eben ein Brotmesser und eine Stimme das Zentrum des Universums für sie gewesen waren. Sie fühlte sich butterweich und entspannt. Wackelig, aber entspannt. Der, der sie da so unverschämt angrinste, war nicht der liebe Gott oder ein anderes höheres Wesen, es war Peter. Er löste ihre Fesseln und half ihr, sich erst hinzusetzen und dann auf die Beine zu kommen.

„Entschuldige bitte, aber ich mag halt nichts Gespieltes."

Sie verstand immer noch nichts.

Keine Schmerzen?, dachte sie. „Ich spüre keine Schmerzen!" Die Gewissheit, am Leben und sicher zu sein, traf sie mit einem Mal. Tränen der Erleichterung strömten ihre erhitzten Wangen herab und holten sie in die Realität zurück.

„Shhhhhhhhhhhht. Alles ist gut."

Er nahm sie fest in seinen Arm und trug sie zum Bett. Hüllte sie in die warme Bettdecke und leckte ihre Tränen fort.

„Ich habe jahrelang an dieser Bilderserie gearbeitet. Ich wollte wirklich etwas, was Bestand hat. Menschen aufwühlt. Hatte unendlich viele Tests, aber es klappte nie. Immer war es geposed und gespielt. Als ich dich da gefunden hatte, sagte mir mein Bauch: Das ist sie! Sie wird die sein, die du gesucht hast. Ich hatte dich für das Thema ‚Angst' ausgewählt. Letzte Woche war eine da, mit der habe ich ‚Trauer' fotografiert. Und davor ‚Freude'."
Sie wollte gar nicht wissen, was er dafür alles getan hatte.

Er nahm ihr Gesicht sanft in die Hände.

„Du warst unglaublich intensiv. Glaubst du daran, dass die Augen der Spiegel unserer Seele sind?"

Sie nickte. War noch zu schwach, um etwas sagen zu können. Doch langsam floss wieder Leben in ihren Körper.

Er reichte ihr einen Espresso, der sie langsam wieder einfing, ihr half, zu ihrer alten Stärke zu gelangen. Er hatte sie wirklich verarscht. Unglaublich. Was steckte bloß alles in diesem Mann? Sie schaute wieder in seine Augen und sah so etwas wie Verzückung oder einen leichten Anflug von Verliebtheit in ihnen. Dann musste sie hysterisch lachen.

„Ich dachte wirklich, du bringst mich um."

Er grinste breit.

„Als obwenn ich so eine Frau umbringe. Als obwenn ich überhaupt jemandem etwas antun kann, außer nur Gutes. Sogar diese Straßenkatze füttere ich jeden Tag."

Ihr Kuss kam für sie ebenso überraschend wie für ihn. Sie küsste ihn, als wenn es kein Morgen gab. Die ganze Anspannung entlud sich plötzlich. Jetzt wollte sie ihn haben. Für sich. Ganz.

„Hey! Das ist schön."

Ihre eben noch gefühlte Angst verwandelte sich in alles verschlingende, ungeschminkte Gier. Stundenlang holte sie sich, was sie wollte. Ohne irgendeine Regel. Ihrer beider Augen waren Tore, durch die sie Einlass bekamen in das Ich des anderen. Erschöpft lagen sie sich gegenüber. Dann schaute sie ihn kurz an.

„Warte einen Moment."

Auf nackten Füßen huschte sie schnell zu ihrem Spielkoffer und kam mit ihm zurück. Sie entnahm ihm vier Seidenschals.

„Wie du mir, so ich dir."

„Okay, das ist fair."

Er hielt ihr erst die Handgelenke und dann die Fußgelenke hin. So fixiert gab es nun für ihn kein Entkommen.

Sie neckte ihn überall. Ergründete, in welcher Sprache sein Körper sprach, und antwortete in eben dieser. Dann ging sie wieder zu ihrem Spielkoffer. Er schaute ihr zärtlich nach. Sie kam zurück. Stellte ein kleines Lederetui neben seinen Kopf.

„Was ist da drin? Ich nehme keine Drogen. Keine Drogen, Monicaa!"

Nun war er der verunsicherte Teil ihrer Konstellation.

„Nein, keine Drogen. Ich genieße es lieber immer bei klarem Kopf. Ich will doch verstehen."

Zärtlich küsste sie seine Nasenspitze und nahm auf ihm Platz. Nahm ihn mit einem lauten Stöhnen in sich auf. Er grinste sie an.

„Ich bin gespannt, Monicaa."

„Weißt du noch, was du sagtest, warum du mich ausgesucht hast?"

„Ja, weil deine Augen so viel über dich sagten. Sie sind das Tor zu deiner Seele und du hast ein Geheimnis, welches ich ergründen wollte. Und das habe ich getan."

Sie schaute ihn zärtlich an.

„Das ist derselbe Grund, warum ich dich ausgewählt habe, Peter. Wegen deiner warmen, mitfühlenden Augen. Ich wollte wissen, was dahinter verborgen liegt."

Langsam öffnete sie das Etui. Er schaute zur Seite und dann verstand er das Unfassbare.

Lächelnd zog sie ein Skalpell hervor.

„Seit meinem Studium versuche ich genau das zu erkunden. Bisher bin ich nicht fündig geworden. Bei der Fotografin vor kurzem war es endlich so weit. Ich war wirklich der festen Überzeugung, dass ich hinter ihren Augen das finde, wonach ich jedes Mal suche: die Seele. Aber selbst sie, die so voll war mit Leben und Hingabe, selbst sie war dahinter leer. Ich habe sie als Andenken mitgenommen. Du bist anders. Ich durfte deinen Abgrund kennenlernen, Peter. Ich danke dir dafür, und nun werde ich nach dem suchen, was ich eben kurz habe aufflackern sehen. Dafür muss ich dir deine Augen entfernen. Ich werde sie als Andenken mitnehmen. Sie werden immer bei mir sein und mich an diesen unvergesslichen Moment erinnern."

Zärtlich schaute sie ihn an und beugte sich mit Neugier über ihn. Eine Hand packte seine Stirn und drückte sie auf das zerwühlte Laken.

„Peter?"

Er zitterte und schwitzte mittlerweile am ganzen Körper, denn ihm wurde bewusst, dass sein bestes Werk wohl auch sein letztes war.

„Ja?"

„SCHREI!!!"

## Der Keller

Dunkel war es, stockdunkel. Und kalt. Die Kälte leckte an ihr, schnitt in ihr Fleisch und in die schwarze Dunkelheit ihrer zarten Seele.

Wie war sie bloß dazu gekommen, ihm ihre abgründige Seite anzuvertrauen? Die Seite, die sie sonst gut behütet in ihrem angepassten Leben unter einer dicken Decke Alltag spazieren trug. Die unter dem Flokatiteppich des Kleinbürgertums im Laufe ihres Lebens platt getreten wurde. Die sie sogar vor sich selbst ewige Zeit verborgen hatte, bis sie fast erstickt war an der Normalität. Bis sie endlich den Mut hatte, sich selbst ehrlich gegenüberzutreten.

Sie hatte die Sehnsucht, die Kontrolle abzugeben, sich einfach blind fallen zu lassen, wie eine Frucht in sich gären gefühlt. Überreif drohte sie zu zerplatzen, bis ... ja, bis sie auf *ihn* getroffen war. Plötzlich und unerwartet, völlig überraschend, stand er da. Eines Abends. Auf dem Fest des Marketingclubs. Vorher nie dort gewesen, war sie der Einladung einer Bekannten spontan gefolgt und hatte sich auf einen langweiligen und trockenen Abend mit Laudatoren-Blablabla eingestellt. Die Bekannte war wegen Krankheit ausgefallen und so hatte das Schicksal diesen Abend wohl selbst in die Hand genommen. Draußen hatte im Anschluss eine Band gespielt. Ein wundervoller Sommerabend war es gewesen. Sie hatte Lust gehabt, zu tanzen. Ganz alleine. Die Zeit zu genießen. Für sich zu sein.

Dann war da plötzlich sein Blick. Abschätzend, sich in sie bohrend. Sie sezierend. Er hatte sie beobachtet. Den ganzen Abend lang. Sich ihr zum Abschluss in den Weg gestellt und wie selbstverständlich nach ihrer Nummer und ihrem Namen gefragt. Der Rest war ein Telefonat und nun war sie hier angekommen. Es ging ihm ebenso. Seelenverwandt waren sie. Er war so gar nicht ihr Typ. Doch seine Art war es. Er griff ganz natürlich nach der Führung, sie folgte ihm freiwillig und freudig.

Er wollte Dinge verlangen, fordern, Aufgaben stellen, Tiefen ausloten, die schier unaussprechlich waren. Die er so lange kaute, bis sie wie ein zäher Brei an seinem Gaumen klebten. Sich in seinen Zahnzwischenräumen festzementierten und seine bisherige Welt der Erotik ad absurdum führten. Es gierte ihn nach dem Unausweichlichen, nach einem Wesen, das ihm standhielt, ihn in Balance brachte. Nach einer Frau, die sich ihm bedingungslos hingab. Welche die Stärke hatte, schwach zu sein.

Dann waren sie aufeinandergeprallt. Alles hatte sich verändert. Alles machte plötzlich Sinn, floss wie zwei reißende Flüsse zusammen, die sich zu einem kraftvollen Strom vereinten. Sie entdeckte sich neu, ihre erotische Seite, die ihr trotz aller Verruchtheit strahlend hell erschien. Ihr Körper geriet außer Kontrolle, und sie erlebte Höhepunkte, wo es vorher keine für sie gab. Blütenweiß und blutdurchtränkt. Sie wollte den Schweiß, die Gischt, den Dreck. ‚Shades of Grey' war der Abklatsch einer Jungmädchenphantasie, befand sie, nachdem sie das Buch kürzlich gelesen hatte. Sie hatte schallend lachen müssen. Diese Geschichte war der totale Blödsinn. Alle Klischees wurden bedient und sie hatte es nach der Hälfte zur Seite geworfen. Was für ein Bullshit. Das, was sie erlebte, lebte, war komplett anders. Tiefer, verbotener, verschwitzter und dabei voll von strahlender Liebe.

Und nun ... Nun war da die reine Dunkelheit. Alles verzehrende Schwärze. Wie Teer tropfte sie in das Nichts der Nacht. Ihr Zeitgefühl hatte sich verabschiedet. Sie befand sich in einem Keller, seinem Keller. Dort, wo er Kisten und Elektromüll lagerte. Sie kauerte in der Ecke, nackt, angekettet. Wie ein Stück Vieh, ein Straßenköter, der nicht mehr verdient hatte, als hier und da eine kurze Zuwendung durch seinen Herrn zu erhalten.

Sie zitterte, fühlte die gähnende Dunkelheit durch ihre Adern kriechen, was ihr Blut zum Kochen zwang. Nackt, verwundbar war sie. Ein Lederhalsband, das sich um ihren Hals schmiegte, und die daran befestigte Leine schenkten ihr Halt in der Stille. Sie lauschte ihrem Atem und spürte jeden Stein unter sich. Ihr Fuß streifte den Napf, in den er vorher hineingespritzt hatte, damit sie etwas von ihm zu sich nehmen durfte. Die Bilder, die sich in ihrem Kopf bildeten, waren klar, jedoch gleichzeitig erschreckend. Ihr Körper sprach mit ihnen. Lockte sie hervor. Ihr Leib tropfte und triefte vor sich hin. Trotz aller Dunkelheit fühlte sie ein Strahlen, ein Licht in sich. Ihr Selbstgefühl kitzelte es hervor. Sie war stolz, seins zu sein. Sein Besitz!

Das Geräusch der sich öffnenden Tür erschreckte sie in ihrer Traumwelt, in der sie jede Einzelheit wie durch ein Mikroskop wahrnahm. Zehnmal stärker und schärfer. Kleinen Steinchen, die sich in ihre Haut bohrten. Staub, der ihre Nase kitzelte, und Kälte, die ihr diese kleinen Pusteln der Freude auf die Haut zauberte. Zusammengezuckt kauerte sie sich instinktiv gegen die raue Wand. Das Licht, das sie blendete, zeigte seinen Umriss, der Umriss ihres Herrn. Er war der, dem sie dienen wollte. Der, dem sie erlaubt hatte, all das zu tun, wonach ihm gerade war. Die Gänsehaut, die von ihrem Nacken abwärts kroch, erreichte ihren Schoß. Sofort wurde es dort siedend heiß, weil die Unausweichlichkeit, die Macht, die er über sie hatte, ihr bereitwillig die Schenkel öffnete.

Sie gehörte ihm. Das war ihr nach ihrer ersten Nacht klar geworden. Genau genommen schon, als er ihr auf dem Fest gesagt hatte: „Du bleibst hier!“

Sie hoffte so sehr, dass er das auch fühlte. Dass sie nicht wieder nur das war, was man eine Zeit lang benutzte und dann ungeliebt in die Ecke warf. Und so hatte sie all ihren Mut zusammengenommen, ihm eines Abends ihre tiefste Fantasie zu schildern. Eine Fantasie, in der sie von ihm benutzt wird, im Dunkeln gefangen gehalten für eine abgesprochene Zeit, einzig, um ihm zu Diensten zu sein. Oben im Leben, im Licht, da bewirtete er gerade Gäste. Sie hörte das Lachen, Musik und das Klappern von Geschirr.

Behutsam öffnete er den Knebel, der ihr das Sprechen nahm. „Shhhhhhhht!"

Seine warme Stimme an ihrem Ohr. Sein Dreitagebart kratzte ihre Wange. Gierig sog sie seinen Geruch ein. Kein Männerparfüm, sondern einfach Duschgel und Mann. Er war bei ihr. Er schenkte ihr Halt. Ihre Sinne klammerten sich an ihn. Für ein paar Minuten nur, aber die gehörten ihr, ihr ganz alleine.

Sein Mund verschloss ihre Lippen. Sie hatte Redeverbot. Er schaute sie an, lächelte.

„Du gieriges, kleines Hündchen!"

Ihre Augen leuchteten in der Dunkelheit: „Dein Hündchen!"

Seine Haltung veränderte sich augenblicklich. Alle in ihm vorhandene Strenge schlug ihr entgegen. Die Ohrfeige traf sie abrupt und mit voller Wucht. Sie taumelte auf die Seite und fing sich mit den Händen auf. Steine kratzen an ihrer nackten Haut. Sie würde Spuren davon tragen. Wieder das Aufleuchten in ihr. Seine Spuren! Und sie würde sie pflegen.

„Du dummes Ding! Redeverbot hast du! Noch nicht mal das kannst du. Einfache Regeln einhalten. Was mache ich nur mit dir, damit du endlich begreifst, dass du gehorchen sollst?"

Mit grober Gewalt drückte er seinen Schwanz in ihren Mund. Schockiert über seine Brutalität öffnete sie ihre sonst so bereiten Lippen nicht direkt. Sie schluckte ihren Speichel hinab. Eine weitere Ohrfeige traf sie.

„Maul auf!!!"

Jede Ohrfeige ließ ihre Auster weicher werden, nasser, bereiter für ihn. Ihr angesammelter Speichel tropfte auf ihre Brüste. Ein Gefühl von Erniedrigung machte sich in ihr breit. Kroch tief in sie hinein. Sie schaute ihn mit tränen- und sehnsuchtsvollen Augen an. Er war ihr Herr, und der einzige Mann auf dieser Welt, dem dies zustand, bei dem sie es zutiefst genoss.

Nur er durfte sie so sehen, ausgeliefert, schwach, ihre Tränen des Loslassens vergießend. Bereitwillig öffnete sich ihr Mund. Ihre Zunge umspielte seine harte Eichel, neckte sie, leckte ihren Rand. Penetrierte seine Harnöffnung, was er so liebte. Sie wusste ihn hochzufahren und genoss diesen Triumph. Das Licht in ihr strahlte hell. Ihre Lippen umschlossen das Objekt ihrer Begierde und saugten dieses ein. Zuerst weich, dann härter, fordernder.

Ihre Gier nach ihm wuchs. Wie gern wollte sie ihn berühren, doch er hatte ihre Hände auf ihren Rücken gefesselt. Sie warf sich in ihr Halsband, doch die Kette gab keinen Zentimeter nach. So genoss sie ihn nur mit ihrem Mund. Langsam griffen seine Hände in ihr Haar, ganz sanft. Zärtlichkeit umschloss sie.

Sein Griff verstärkte sich und er zog sie auf seinen Schwanz. Beide Hände nun fest an ihrem Hinterkopf. Er griff härter zu und fickte sie vehement in ihren Rachen. Ihre Erregung wuchs mit seiner steigenden Härte und Geschwindigkeit. Die Unausweichlichkeit seiner Wucht kickte sie. Immer tiefer jagte er seine Härte in ihren Rachen. Füllte sie ganz aus. Schneller, immer schneller fickte er ihren Mund, Nein, SEINEN Mund. Ihr blieb die Luft weg und schon setzte der Würgereflex ein.

„Du gibst dir Mühe, und wenn du kotzt, ist mir das scheißegal! VERSTANDEN?“

Sie nickte eifrig, ihre Spalte pochte wie verrückt und bei jedem Würgen wuchs ihre Ekstase. Magensäfte quollen aus ihrem Mund hervor. Tropften auf ihre Brüste. Er schob sie weg, rieb ihr ihre schleimige Nässe durch das

Gesicht, durch die langen Haare.

„Meine kleine Hure, mein kleines Hündchen. Du bist doch mein Hündchen, nicht wahr?", fragte er zärtlich. Eifrig nickte sie. Ja, sie wollte genau das sein. Loslassen. Sich hinfort treiben lassen. Denn sie wusste, er würde auf sie achten. Auf sie aufpassen.

Dann umschloss er ihren Hals, schob seinen Schwanz tief bis in ihre Kehle, knebelte diese damit. Stolz schaute sie ihn an, während er ihr den Atem nahm.

„Du bist wunderschön und so stark in deiner Schwäche. Eine Göttin. Meine Göttin. Wie gerne würde ich dich jetzt ficken, aber ich habe Gäste, das verstehst du doch, nicht wahr?"

Sie nickte heftig, hätte ihm so gerne gesagt, dass sie das alles nur für ihn ist. SEINE Hure. SEIN Hündchen. Dass sie ihn liebte. Aber sie hatte Redeverbot und so sprachen bloß ihre Augen, die mit klarer, reiner Liebe gefüllt waren.

Weich schaute er sie an. Sie kämpfte um Sauerstoff. Ihr Körper wollte ihn wegstoßen. Sie brauchte Sauerstoff! Da spürte sie, wie sie zu flattern begann. Das Leben entwich ihr. Sie flog. Seine Hand an ihrem Hals, sein Schwanz, der sie erstickte. Sie ließ sich fallen und legte ihr Leben in seine Hände. Als sie wegsackte, zog er sie kraftvoll nach oben, ohrfeigte sie und küsste sie, schob seine Faust in sie hinein und holte sich seinen geliebten Saft, der ihm bereitwillig entgegenspritzte. Das Adrenalin, das ihr Körper ausschüttete, damit sie wieder zu sich zu kam, brachte sie um den Verstand.

Dann verändert sich sein Blick. Sie riss ihren Mund auf, schob ihm die Zunge entgegen. Schlucken wollte sie ihn. Trinken. Schmecken. Aufnehmen in sich.

Er lachte. „Heute nicht ...".

Laut stöhnte er auf und spritze in ihr Gesicht und über ihre Brüste. Sie fühlte sich getauft. Ruhe trat ein, sie umfing sie wie die warme Decke, die er über sie breitete.

„Schlaf, mein Hündchen."

Er schüttete etwas Wasser in den Napf. „Damit du mir nicht verdurstest heute Nacht. Mein kleines Haustier, das so stark ist in seiner Schwäche. Ich bewundere dich."

Er verließ sie schweigend, ließ sie zurück in der Dunkelheit. Doch sie wusste, er war bei ihr.

Sie schlief ein. In der Nacht spürte sie, wie er sie losmachte, seine Arme sie hochhoben. Er trug sie hoch, legte sie in eine Badewanne mit warmem, wohlriechendem Wasser, wusch sie zärtlich, trocknete ihren müden Körper ab, trocknete sie mit weichen Handtüchern und ölte ihren zitternden Körper behutsam ein.

Dann legte er sie in sein Bett, küsste sie, zog sie fest an sich, um mit ihr zu verschmelzen, sie zu lieben und dann im Bett in seinen Armen sicher und friedlich einschlafen zu lassen.

# Das Abendessen

Es war Freitag. Meike stand in der Küche und freute sich auf das Heimkommen von Thomas. Schnippelte Gemüse, kochte leckere Pasta und so weiter. Kurz: Sie verwöhnte ihn rundum. Sowohl kulinarisch als auch erotisch. Enttäuschend war nur, dass er dann trotz Ankündigung so oft eben doch NICHT kam. Einmal flatterte folgende SMS rein: „Bin noch im Meeting, iss alleine. Bis nachher, vielleicht. T."

Ein anderes Mal: „Der Chef braucht mich noch. Schaffe es leider nicht."

In letzter Zeit häuften sich diese SMS. Das führte dazu, dass sie mit ihren Strapsen und der kleinen Spitzenschürze alleine in der Küche aß, sich zu viel Rotwein gönnte, um dann Rotz und Wasser zu heulen. Was für eine Scheißwelt!

Ungeschminkte trostlose Einsamkeit einer sitzengelassenen Geliebten überkam sie in diesen Momenten. Sie war nicht seine Frau. Diese hatte andere Aufgaben. Seine Ehegattin hütete zu Hause brav die zwei Kinder, wusch die dreckige Wäsche und putzte die Fenster. Meike jedoch war seine erotische Delikatesse. Sie war das Sternemenü. Der Champagner. Nicht das Schnitzel mit Blumenkohl und Salzkartoffeln. Sie war der raffinierte Wasabi-Gurkensalat, das kostbare Meersalz. Das Blattgold auf der verblödeten Currywurst des Alltags.

Kurzer Blick auf das Handy:

19:30 Uhr. Noch lief alles rund. Ha! Das Handy war immer noch Thomas-SMS-jungfräulich. Sie legte es auf die Ablage und genehmigte sich ein Stück Manchego. Was für ein wundervoller Abend es werden sollte. Sie hatte einen Porno ausgeliehen, neue Wäsche gekauft und gut duftendes Massageöl bereitgestellt.

Der Klingelton ihres Handys durchbrach brutal die Stille. Das war sicher er! Ihr Herz hüpfte. Gleich würde er ihr sagen: „Baby, ausziehen, Daddy kommt heim."

Sie lief, so schnell es ihre Heels duldeten, zum Küchentisch, riss sich die Einweg-Latexhandschuhe herunter und hechelte ein erotisches „Jaaaaa?" ins Handy.

„Guten Abend. Mein Name ist Sofia."

„Kennen wir uns?", fragte Meike vorsichtig, weil sie nicht wusste, wie seine Frau mit Vornamen hieß. Er nannte sie ausschließlich „die Mutter meiner Kinder".

„Nein, aber wir sollten uns kennenlernen. Ich bin Geliebte Nummer 2 deines Liebhabers."

BAM! Voll in die Fresse. Meikes Knie versagten ihren Dienst. Sie ließ sich kraftlos auf einen Stuhl sacken.

„Hallo, bist du noch da?"

„Entschuldigung!", flüsterte Meike aufgelöst. „Ich ... ich bin sprachlos."

„Ich weiß, so ging es mir auch, als ich es erfuhr. Es war auch reiner Zufall. Der Idiot hatte vergessen, sein Handy mit einem Code zu sichern, als deine SMS reinkam. Er war gerade im Bad duschen. Da hab ich es gelesen. Du kamst mit dem abgespeicherten Namen ‚Notnummer' rein."

Meike atmete tief durch.

„Okay, erst mal danke für die Info. Er wird gleich zum Abendessen kommen. Darf ich dich morgen anrufen? Dein Name?"

„Klar darfst du. Den sagte ich doch schon: Sofia. Kopf hoch! Ich wünsche dir alles Gute."

Meike legte auf, starrte jedoch noch einige Sekunden auf ihr Handy, von wo aus Thomas sie nun gut gelaunt anstrahlte. Bildschirmhintergrund aus der Karibik. Braungebrannt. Salz auf seiner Haut.

Anscheinend wird Sterneküche auf Dauer langweilig und Mann braucht eine andere exotische Köstlichkeit, grummelte Meike leise und schnüffelnd vor sich hin.

Was für ein Arschloch. Erzählte ihr ständig, sie sei

seine kleine Wildkatze. Ohne sie hätte er keine Erotik. „Notnummer". Na warte. DICH stelle ich gleich zur Rede. Sie ging wieder in die Küche.

„Ich muss was tun, sonst dreh ich durch!"

Die Tomate schrie eindeutig nach Misshandlung. Meike schnappte sie sich. Dieser Mistkerl! Jeden Abend, wenn er zu ihr kam, kochte sie vegetarisch für ihn. Vegetarisch, weil die armen Tiere so litten. Denn das sollten sie keinesfalls: leiden. Nun litt sie. War das etwa gerecht??? Sie hatte immer dafür gesorgt, dass Monsieur Bloßkeinfleischweildietieresodarunterleiden ein reines Gewissen haben konnte. Auch wenn ihr persönlich lieber nach einem anständigen Steak war. Für ihn kaute sie Möhren, Kohlrabi und Staudensellerie.

Nun musste die Tomate dran glauben. Meike hielt sie fest zwischen ihren perfekt lackierten Nägeln. Er liebte lackierte Nägel, zu Hause gab es so etwas ja nie. Er verkümmere als Mann, sagte er stets mit seinen Hundeaugen. Elender Lügner! Ihre Aufmerksamkeit der Tomate zuwendend, zerschnitt sie langsam die pralle Haut des roten Gemüses. Meike sah zu, wie der Lebenssaft zwischen ihren Fingern aus dem Nachtschattengewächs herausquoll. Bilder, wie sie genau das mit seinem prallen Schwanz vollzog, zischten durch ihr hübsches Rachehirn.

Bilder, in denen sie nun mit einem Tacker bewaffnet ... Sie wischte die Bilder weg.

„Gleich drehe ich durch!"

Jetzt WOLLTE sie kochen. Kochen war ihr Ventil, wenn sie eine Stinkwut hatte.

Als Nächstes musste eine Möhre dran glauben. Wie ein Fallbeil ratterte das Messer auf die unschuldige Karotte ein. Meike war im Wahn. Sie musste nun Gemüse töten. Sie riss die Kühlschranktür auf und schaute schnell ins untere Fach. Ihr Blick fiel auf eine unschuldige Gurke. Na warte! Dich isst Thomas heute nicht mehr. Schnell griff sie mit ihren dunkelrot lackierten Fingernägeln nach dem grünen Stück. Legte es auf das Schneidebrett, hob lustvoll grinsend das scharfe Messer. Los geht es! Stirb, Gurke!

Doch dann hielt sie inne.

Meike blickte auf die Gurke, dann auf ihr Handy, das sie auf die Küchenanrichte gepfeffert hatte.

Dann wieder auf die Gurke.

Wer sagte eigentlich, dass nur Thomas wusste, was eine Frau brauchte? Vielleicht sollte sie sich auch einen Geliebten Nummer 2 zulegen.

Das Messer fand seinen Ruheplatz neben dem Brett. Sie ließ ihre Fingerspitzen über die grüne Schale gleiten. Prüfte ihre Festigkeit und Dicke.

Gar nicht so übel. Thomas Schwanz war definitiv kleiner. Dabei mochte sie es dick. Wieder stöckelte sie zum Kühlschrank. Ging auf den roten Lackheels in die Hocke. Diese Position brachte ihren Prachtarsch, der von den Strapsen eingespannt wurde, in optimale Fickposition. Sie kicherte. Tja, Thomas, heute vögelst DU nicht mehr. Obwohl dir dieser Anblick sicher gefallen würde.

Die Kälte kitzelte ihre Klitoris. Das lag an dem nicht vorhandenen Slip. Sie mochte Kälte an ihrer Schnecke. Leise schnurrte sie vor sich hin. Lüstern grinsend schaute sie in die nach vorne gezogene Gemüseschublade hinein. Da war sie ... eine violett glänzende Aubergine.

„Hi, Aubergine“, säuselte sie, als sie das doch sehr dicke Gemüse in den Händen hielt.

„Na, Lust auf ein kleines Genussereignis?“

Sie kickte die Kühlschranktür mit ihrem Heel zu und ging schnurstracks zum Gemüsebrett.

„Hallo, Gurke, das ist Aubergine. Mir ist heute nach einem Dreier, also dachte ich, wenn ihr beiden Hübschen vielleicht Lust hättet?“

Der Gedanke, Thomas, den Verräter, mit seinem heißgeliebten Gemüse zu betrügen, erheiterte sie. Sie hob die

Gurke nach oben und leckte über die harte Schale. Wenn Thomas so bestückt wäre, würde sie sich vielleicht noch mal überlegen, ihn nicht zum Teufel zu wünschen. Aber Thomas war leider die Variante S. S wie small. Es gab Männer in ihrem Leben, die mit ihrem etwas kleineren Schwanz bestens umgehen konnten und sie damit durch geschickte Stellungen zum Höhepunkt fickten. Die genau wussten, welcher Winkel der beste war. Thomas jedoch war klassischer Sportficker. Anfeuchten, rein und los ging es. Wie ein Maschinengewehr. Genau genommen war er gar nicht gut im Bett. Er hatte jedoch eine Art, ihr in die Haare zu greifen, die ihr gefiel.

Nun wanderte ihre Zunge über die Aubergine.

„Hmmmmm, schön glatt. Und diese Konsistenz ist einfach perfekt. Fest und weich zugleich. Wer braucht eigentlich einen Liebhaber, wenn er Gemüse im Kühlschrank hat?"

Sie räumte den Küchentisch ab, nahm ihr Glas Rotwein, schenkte nach und setzte sich auf das kühle Eichenholz. Der Tisch hatte ihrer Oma gehört. Erbstück. Sie fragte sich, wie oft Oma auf diesem Tisch wohl gevögelt hatte. Wie oft sie unter Opa gestöhnt hatte. Wie oft es vielleicht ein anderer als Opa gewesen war, der sie genießen durfte, als jener im Krieg das Land verteidigte?

Meike legte sich entspannt zurück und rieb die Gurke an ihrer Schnecke auf und ab. Immer noch kalt. Guuuuuuuut!

Langsam breitete sich die Lust auf das Gemüse in ihr aus. Scheiß auf Vorspiel. Sie steckte die Gurke zwischen ihre Schenkel und schob sie langsam und genussvoll tiefer. Aus langsam wurde schneller. Sie hörte sich selbst schmatzen und die Gier überfiel sie.

„Komm her, Aubergine, du bist dran!"

Achtlos warf Meike die mit ihrem Saft vollgeschmierte Gurke auf den Fußboden, wo diese geräuschvoll aufplatzte. Klang nach Sex.

Sie griffe das violette Gemüse mit beiden Händen und hockte sich nun auf den Küchentisch. Schob das Gemüse unter sich und ließ sich langsam tiefer gleiten. Meike stöhnte laut auf. Guuuuuuut!

Sie ließ Madame Aubergine immer wieder herausgleiten, indem sie ihren Arsch nach oben hob, und spuckte sich ab und an auf ihre Hände. Damit rieb Meike die pralle Haut ihres Naturdildos ein, damit dieser den richtigen Weg fand. Sie liebte das Gefühl der Dehnung, und dieses Prachtgemüse erfüllte es ihr genauso, wie sie es mochte.

Als die Eierfrucht ganz in ihr verschwunden war, begann Meike, ihr Becken auf dem Tisch zu reiben. Sie genoss diese Zeit ganz für sich alleine. Die Mischung aus Ekstase und Wut auf Thomas verhalf ihr sehr schnell zu ihrem wohlverdienten Höhepunkt.

Sie stöhnte laut auf und legte sich entspannt auf die Seite.

„Hmmmmmm, das war fantastisch!"

Behutsam drückte sie das Marktgemüse aus ihrem Körper hinaus. Bei der dicksten Stelle hielt sie kurz den Atem an, weil die Dehnung nach dem Höhepunkt gegen ihre angespannte Muskulatur arbeitete.

In dem Moment, als die Aubergine aus ihr heraus auf den Boden glitt, schaute sie direkt in die fassungslosen Augen von Thomas, der sie hatte überraschen wollen. Er war frühzeitig von der Arbeit weggefahren. Mit Hilfe eines Schlüssels, der für ihn unter der Fußmatte lag, hatte er sich leise Zutritt zu ihrer Wohnung verschafft. Der mitgebrachte Blumenstrauß fiel zu Boden.

Meike setzte sich auf und strahlte ihn an.

„Oh Schatz! Schon hier? Ich dachte, du kämst gar nicht mehr. Meeting. Du weißt schon. Wie so oft. Ich hatte eben ein kurzes Telefonat mit deiner Geliebten Nummer 2. Nette Frau. So ehrlich. Ich hatte mir überlegt, ich fange schon mal alleine an, auch wie so oft."

Thomas war immer noch in Schockstarre, riss nun

aber wie ein Goldfisch Augen und Mund auf. Meike ging lasziv vor ihm in die Knie, hielt kurz mit ihrem Mund vor seinem in der Hose gefangenen Schwanz inne, griff nach der Gurke und stand wieder auf.

„Sprachlos? Keine Angst, deine Süße ist nicht sauer. Sie ist nur auf einen anderen Geschmack gekommen. Ich werde nun öfters einen vegetarischen Abend machen."

Sich an Thomas' Anblick weidend, wie er dümmlich gaffend da stand, stopfte sie ihm das mit ihrem Saft beschmierte und misshandelte Ding in seinen immer noch offenen Mund.

„Nur leider ganz ohne dich."

# Das Haustier

Sie drehte den Duschhahn zu. Ein warmes und wohliges Gefühl durchflutete ihren Körper.

„Hmmmmm …!“

Vanille und Honig. Ihr Lieblingsduschgel umgab sie stets mit diesem zarten Hauch von Wohligkeit. Sie war 67 und hatte ihr Leben in neue, aufregende Bahnen gelenkt. Good-bye Alltagsmief. Das war vor ein paar Monaten ihr Entschluss gewesen. Fort vom Einerlei. Sie war jetzt Mitglied in einem Sportstudio. Hatte dazu passend einen guten Schönheitschirurgen gefunden, der ihr Äußeres ihrem inneren Altersgefühl nach und nach anpasste.

Früher war sie die Wilde gewesen. Elisabeth, die Revolutionärin. Die Musik von Elvis, seine Art, sich zu bewegen, sein Hüftschwung hatten sie immer schon elektrisiert. Zu „In the Ghetto“ entjungferte ihre Jugendliebe Walter sie in seinem verbeulten Auto. Ihr erster Höhepunkt. Selbst den verdankte sie also Elvis Presley. Denn auch wenn Walter sie damals gevögelt hatte, in ihrem Kopf war es der Mann mit der Schmalztolle gewesen, der sie befriedigte. Sie hatte dem Sänger eine Menge zu verdanken. Das Gefühl, komplett frei zu sein. Sich auszuleben. Begehrt zu werden. Sich ganz und gar als Frau zu fühlen.

Petticoat, wippender Zopf, Strapse … Weib.

Dann war Walter ihr Ehemann geworden. Leider. Denn Walter machte seinem Namen alle Ehre. Er war ein häuslicher Typ, der Risiken und Abenteuer scheute. Bodenständig. Buchhalter. Was auch sonst? Mehr war einfach nicht drin bei ihm. So glitt ihr wildes Leben nach und nach in die geregelten Bahnen einer präzise durchregulierten Ehe ab. Die Strapse verkümmerten zu Nylonstrumpfhosen. Der wippende Rock beendete sein Dasein in praktischen Jeans und die hohen Hacken verschrumpelten zu bequemen Turnschuhen. Die Eintönigkeit siegte und Elvis wurde in Memphis beerdigt. Zack und aus die Maus.

Der heutige Sonntag hatte dagegen herrlich begonnen. Elisabeth hatte ausgeschlafen und sich die Zeit genommen, einmal ausgiebig Körperpflege zu betreiben: Fuß- und Fingernägel waren sorgfältig frisch gefeilt und sie hatte sie in ihrer neuen Lieblingsfarbe akkurat lackiert: „Love Me Tender". Der Lack sah in der ersten Schicht lila aus, aber die zweite zauberte diesen dunklen Schwarzton, der jedoch sündig violett schimmerte, je nachdem, wie das Licht darauf fiel.

Ihr Fuß berührte den kühlen Boden ihres Badezimmers und sofort überzog sich ihr erwachender Körper mit einer leichten Gänsehaut.

„Nett!", dachte Elisabeth, als sie auch schon bedauerte, dass sich die Härchen wieder zur Ruhe legten. Das dicke Duschhandtuch hing bereitwillig benutzbar auf dem Haken. Sie mochte es, wenn der Stoff nicht durch Weichspüler vergewaltigt worden war, sondern rau und gierig die Nässe aufsaugte. Weichspüler war früher. Wie Walter. Walter mit W. W wie Weichspüler. Doch Walter gab es nicht mehr. Ebenso wie den Weichspüler. Alles ausrangiert.

Als sie das Badetuch um ihre Haare schlang und dabei ihr Gesicht trocknete, hörte sie ein leises Tapsen. Grinsend nahm sie es wahr.

„Wie immer im richtigen Moment zur Stelle, der kleine Racker!", schmunzelte sie innerlich. Wieder tapste es leise auf dem Boden vor ihren Füßen. Sie ließ das Handtuch, wo es war, versank in der Frottee-Dunkelheit und lehnte ihren Rücken entspannt gegen die Badezimmerwand.

Dies war zum sonntäglichen Ritual geworden.

Zu Beginn war es ungewohnt für sie gewesen. Ungehörig und verboten. Ein wenig wie Achterbahnfahren. Es kribbelte im Magen. Der Kopf schlug Purzelbäume.

Denn welche Frau ließ sich schon von ihrem Haustier trocken lecken? Beziehungsweise nass, je nachdem, welche Körperstelle gerade dran war. Ihr kleines unartiges Geheimnis, das sie nur mit ihrer besten Freundin Ulrike teilte. Ihr hatte sie es einmal in einer Proseccolaune gebeichtet. Ulrikes breites Grinsen war erleichternd gewesen. Die Damen verstanden sich.

Elisabeth hatte den strubbeligen Racker eines Tages überraschend entdeckt. Wie ein begossener Pudel hatte er sie aus treuen Hundeaugen angeschaut. Flehentlich. Wollte sie sich wirklich einen Hund zulegen? Sie konnte ihn einfach nicht so alleine und verlassen ignorieren. Der arme Tropf. Also wurde sie Frauchen eines großen Rüden.

„Komm!", hatte sie gesagt, denn sein sehnsuchtsvoller Blick sprach Bände. Er suchte ein Zuhause, ein Körbchen, wo er sich wohl fühlen durfte. Wo er einfach Hund sein durfte. Ihr persönliches Haustier.

Nachdem sie ihm zu Hause eine Schüssel mit Wasser als notdürftigen Trinknapf gefüllt und die Reste ihres Abendessens mit ihm geteilt hatte, schlief er wohlig vor ihrer verschlossenen Schlafzimmertür ein.

Nach all den Ehejahren mit ihrem schnarchenden und langweiligen Mann Walter an ihrer Seite im Bett war es eine himmlische Offenbarung gewesen, das Nachtlager ganz für sich zu haben. Sie legte sich quer. Genoss diese erworbene Freiheit. Nicht alleine zu sein, aber dennoch selbstbestimmt.

Walter hatte ihr die Nächte geraubt und diverse Falten in ihr Gesicht geschnarcht. Walter, der sie morgens verschanzt hinter der Tageszeitung anknurrte, wo denn der Kaffee blieb. Walter, ihre Jugendliebe, der ihr immer fremder geworden war. Immer langweiliger. Walter, ihr persönlicher Albtraum.

Eines Tages reichte es ihr. Sie hatte Walter dann kurz entschlossen gegen diesen Straßenköter eingetauscht. Walter war raus. Ausrangiert. Nicht mehr existent in ihrem Dasein.

Am nächsten Tag hatte sie ihrem neuen Fellbündel im ortsansässigen Tiermarkt ein Körbchen XXL, einen Napf, ein Halsband und eine Leine gekauft. Auch ein Namensschild in Knochenform war schnell bestellt. Sie gab dem Hund den Namen Elvis, weil ihr das gewisse Erinnerungen schenkte. Revolution. Elvis statt Walter. Traumhafter Tausch!

Nun stand sie in ihrem Badezimmer und genoss es, dass Elvis struppiges Fell an ihren Beinen kitzelte. Sie hatte kurz überlegt, ihn zu scheren, diese Idee aber dann doch verworfen. Elvis war etwas Besonderes, denn er hatte schnell herausgehabt, dass seine Zunge sie zu höchsten Freuden trieb. Ganz ohne Übung.

Wovon Walter übrigens immer Abstand genommen hatte. Seine altmodische Erziehung hatte ihm im Wege gestanden. Männer lecken keine Frauen. Punkt! Das sei unmännlich! Meine Güte!

Elvis jedoch genoss ihre Erziehung, kassierte hier und da eine Zurechtweisung, wenn er sich nicht genug Mühe gab. So leckte ihr neues Haustier sie in den Himmel der Glücksseeligkeit.

Schon fand Elvis‘ Zunge den Weg zu ihren Zehen. Sie kicherte, weil es sie ein wenig kitzelte, ihr aber auch zeitgleich zwischen die Schenkel fuhr. Dieser räudige Köter. Elvis‘ Zunge leckte geschickt jeden einzelnen Wassertropfen fort. Schob sich unter ihre Fußsohle und arbeitete sich um ihren Knöchel herum, was sie mit einem wohligen Stöhnen quittiere. Dies spornte ihn an. Er knabberte sanft an ihrem Knöchel und sie gurrte leise in ihr Handtuch. Seine feuchte und raue Zunge schlabberte sich höher. Als er die Innenseiten ihrer Oberschenkel erreichte, begann ihre Schnecke ein stilles Lied der Lust und Gier zu singen.

Der räudige Köter leckte sie um den Verstand, und sie fragte sich, warum Walter das nie versucht hatte. Schwamm drüber. Walter war Geschichte.

Nun schlabberte der gute Elvis über ihren Kitzler und seine feuchte Nase rieb dabei ihren gut frisierten Venushügel.

Hart packte sie Elvis am Nackenfell, schob sich auf alle Viere und befahl mit barschem Ton: „LOS! FICK MICH! DU DRECKSKÖTER!“

Ihr perfekt trainiertes Haustier ließ es sich nicht zweimal sagen. Seine großen Pfoten umklammerten ihren frisch geduschten und wohlduftenden Leib. Er kletterte auf ihren Rücken und stieß seinen Schwanz in sie hinein. Immer härter stieß er zu und Petras Stöhnen wurde zu einem Orkan.

„Fick mich, du blödes Vieh! Wozu habe ich dich aufgelesen? Ich könnte dich auch ins Tierheim abschieben!“

Elvis gab sich alle Mühe, um sein Frauchen zufriedenzustellen, und als sie kam, ergoss er sich ihn ihr.

Dieser Quickie am Morgen hatte ihn alle Kraft gekostet, aber er wusste, dass sein Dienst an seinem Frauchen noch nicht beendet war. Sie legte sich auf den Rücken, denn sein Frühstück bestand aus seinem eigenen Saft, der nun aus ihr herausfloss und den er gierig wegschleckte.

Sie atmete wohlig laut auf, legte ihren Kopf auf ihren Arm und schaute ihn aus leuchtenden Augen an: „Elvis, du kleines Mistviech ...!“

Elvis strahlte zurück. Der Blick seiner treuen Haustieraugen sprach Bände.

Elisabeth zeigte ein lüsternes Grinsen. „Elvis, Elvis ... Es war eine fantastische Idee, die du damals hattest, als du sagtest, dass unsere Ehe nach all den Jahren mal eine Auffrischung benötigte.“

Sie zwinkerte ihm aufmunternd zu.

Ihr Mann Walter schaute sie freudig an, denn er genoss sein neues Leben an ihrer Seite als ihr Haustier Elvis sehr. Also hechelte er bestätigend. Weil Hunde nun mal hecheln und nicht sprechen.

Lächelnd fügte sie hinzu: „Komm, mein braves Hündchen, lass uns frühstücken. Ich brauche etwas zu essen. Dein Futter steht schon im Napf bereit. Ich habe einen neuen gekauft. Einen mit Glitzersteinen."

Verschwörerisch zwinkerte sie ihm zu.

Und Elvis alias Walter wedelte freudig mit seinem schlaffen Schwanz, während aus dem CD-Player leise „Hound Dog" von Elvis Presley lief.

# Der Koch

Der Laden war gerammelt voll. Davide rieb sich genüsslich den Bart. Solche Abende liebte er. Zufriedene Gäste, volle Kasse. Geile Sache! Und das auf seinem Geburtstag!

Kurz blickte er auf die nicht mehr junge Bahnhofsuhr, die über einem Tresen hing. Ein altes Erbstück von seinem Opa. Welche seit jeher dem Inhaber zeigte, welche Stunde gerade geschlagen hatte. Sie hatte schon eine Patina, die sich auf ihr breit gemacht hatte. Davide liebte das alte Ding. Die Zeiger gaben die Uhrzeit „22:50“ preis.

Das Kichern ein paar weiblicher Gäste holte ihn aus seinem Tagtraum heraus. Warum kicherten Weiber eigentlich immer? Manche gackerten auch. Aber die meisten kicherten. Dieses glockenhelle Geräusch nervte. So viel stand fest. Doch die fünf Mädels, die allem Anschein nach etwas zu feiern hatten, waren guter Dinge und kurbelten den Umsatz an. Sie sahen alle sexy aus. Und für jeden der männlichen Gäste war der passende Typ Frau dabei. Sexy Frauen sind gut für den Umsatz, weil die anwesenden Kerle dann gerne einen Wein oder Bier mehr tranken als sonst. Mann verzehrt schließlich auch mit den Augen.

Die Mädels ließen sich nicht lumpen: Aperitif, Vorspeise, ein Aperol Spritz dazu, dann korrespondierende Weine zur zweiten Vorspeise, entsprechend auch zum Hauptgang und zum Dessert, ließen die Kasse geräuschvoll klingeln.

Ein älteres Paar saß zusätzlich im Gastraum. Stammgäste, die schon zur Zeit seines Vaters hier ihre Samstage verbracht hatten. Ihr Dasein hauchte dem Laden die familiäre Atmosphäre ein. Man kannte sich halt. Sich und die daran hängenden Lebensereignisse sowie Schicksale. So wie eben dieses Paar gab es viele Gäste, die bekannte

Gesichter waren und immer wiederkamen.

An Davide schätzten sie, dass er sie in die Mitte der lebensfrohen italienischen Familie nahm. Durch ein kleines Tisch-Schwätzchen über Urlaube, Sport und Gastronomie schenkte er ihnen Behaglichkeit und Lust zu bleiben. Hier und da wurden auch doppeldeutige Zoten durch den Raum geworfen.

Bis auf diese letzten beiden besetzten Tische waren bereits alle gegangen. Davide schickte den Koch nach Hause, denn für die letzten Espressi zum Nachtisch brauchte er keinen Koch mehr im Restaurant. Da war der persönliche Service beim Tiramisu lieber gesehen. Wie bei Muttern.

Davide schnappte sich den Aschenbecher und setzte sich neben das ältere Ehepaar an den Tisch.

„Na, Gustav und Helene? Watt jibbet Neues? Was machen die Engelchen?"

Gustav und Helene rührten ihren Zucker gemütlich in die heißen Espressi und nippten noch mal am letzten Schluck Weißwein. Die Crema klebte Genuss versprechend an Gustavs Schnurrbart.

„Och, alles beim Alten, Davide. Unser ältester Enkel studiert jetzt in Amerika und der jüngste geht nun auf's Gymnasium."

Davide nickte mitfühlend und hängte noch ein paar persönliche Fragen an. Dabei nervte ihn wieder das laute Kichern am Nebentisch. Weiber! Immer wollten sie Aufmerksamkeit. Er rollte genervt mit den Augen.

„Oooooober, prooooontooooo!", zwitscherte die mit üppiger Oberweite ausgestattete Dunkelhaarige in einer Lautstärke, die auch bis in die letzte Ecke einer amtlichen Großkantine hineingeschallt wäre.

Das ältere Ehepaar zog amüsiert die Augenbraue hoch.

„Hat die ein Hörproblem? Vielleicht leih ich ihr mal mein Hörgerät. Die will dich!", schmunzelte Gustav.

Er knuffte Davide verschworen in die Rippen.

Davide lachte. „Nee, ich glaub, die Mädels ha'm einfach Spaß inne Backen. Ist sicher so ne Jungesellinnenabschiedsnummer. Darf ich noch was für euch tun? Lecker Grappa?"

„Nee, lass mal. Bring mir mal lieber die Rechnung Jung. Sonst bekomme ich noch Kopfschmerzen von dem Geschnatter."

Eine herzliche Umarmung der beiden Stammgäste, dann begleitete Davide sie hinaus.

„Herr Ooooooooobeeer! Prooooooontoooooo!"

Schon wieder das üppige Ding. Seine Augen schlossen sich und kopfschüttelnd ging er auf den Tisch zu.

Gemütlich und sichtlich genervt stützte er sich neben dem Weibsstück auf den schweren Holztisch.

„Liebchen, was kann ich denn für dich tun? Watt brauchste denn?"

„Ich bin die Katja, Schnuckelchen."

Katja schaute ihn aus leicht weinseligen, großen, dunklen Augen an. Okay, ihre Wimperntusche war durch das herzhafte Lachen verschmiert, was ihr eher das Aussehen einer Bordsteinschwalbe gab, als das einer modernen Frau. Aber sie roch gut. Sehr gut. Und allem Anschein nach war Katja wirklich für morgen versprochen, denn auf ihren großen Brüsten prangte die T-Shirt-Schrift: „Katja, bald in Handschellen."

Die anderen Shirts der Mädels zierte ein linkes „Brautsecurity".

„Okay, die Mädels wollen flirten. Dass kann ich.", grinste Davide in sich hinein. Süß waren sie ja.

„Katja, was willste denn nu?"

„Also, eigentlich wollte ich noch einen Espresso haben, aber wo du gerade mal hier bist: Stimmt das, was da auf dem Schild steht?"

Ihr Blick wanderte zu dem Holzschild, das neben dem alten Weinfass auf einem Sims platziert war.

„I can better kiss than I cook?"

David schaute sie erstaunt an. Stellte dann fest, dass die anderen vier Mädels ihn nun mit ihren wunderschönen Augen prüfend musterten. Die Rothaarige mit den langen Locken hatte dabei ihr Gesicht in die Hände mit den grünen Fingernägeln gestützt und wirkte wie eine bezaubernde böse Hexe aus „Schneewittchen". Die Blonde, die ihn an eine reale Ausführung von Barbie erinnerte, lehnte sich entspannt zurück und zupfte ein paar Strähnen aus dem schlanken Gesicht mit den hohen Wangenknochen. Die Frau mit den kurzen, schwarzen Haaren zog eine perfekt nachgezeichnete Augenbraue nach oben. Und die Schwarzhaarige mit der Charlestonfrisur schaute ihn neugierig an. Was für Traumweiber!

„Na? Ihr Italiener habt doch immer so eine große Klappe. Also ... stimmt es?"

Katja wollte es wohl ganz genau wissen.

Davide richtete sich auf.

„Klar stimmt das. Und ich sag dir, mein Engel: Ich koche richtig gut!"

„So, so ...!?"

Katja stellte das Kichern ein und wurde toternst. Mit einem Mal wurde irgendein Schalter umgelegt. Das Gegacker verstummte augenblicklich. Stille ...

David war kurz aus seinem Schwung herausgekommen. Und so zerriss nur das Wegrutschen des Holzstuhls die Stille. Denn Katja nahm nun auf dem Holztisch Platz. Zwischen seinen Beinen sitzend, packte sie ihn barsch an den Gürtelschlaufen und zog ihn heran.

„Schau, mein kleiner Italiener. Ihr Südländer habt immer so eine große Klappe und letztendlich steckt da nichts dahinter. Dann beweis doch einmal, was du kannst."

Die Herausforderung des Abends! Sie hatte einen Namen: Katja.

„Na warte!"

Davide war wieder in seinem Element.

Er griff ihr in die dunkelbraune Mähne und zog sie hoch.

Witternd nahm er die Jagd auf und blickte ihr in die Augen. Als sie plötzlich schallend loslachte.

„Du bist ja putzig, Davide!“

Und schon umschlossen IHRE Lippen SEINEN Mund, ihre Zunge fand den Weg vorbei an seinen Bartstoppeln in seinen Rachen hinein.

Davide war sprachlos. Wer nahm hier eigentlich gerade wen? Irgendwie fühlte er sich benutzt. Doch dann ließ sie urplötzlich von ihm ab.

Pah! DAS war ihm noch nie passiert. Was bildete sich dieses Weibsstück ein?! Sie verschmähte ihn. Dieses Biest!

Mit einem Mal umschlossen feingliedrige Arme seine Brust, drängten sein Shirt nach oben, um sich auf den Weg zu seiner behaarten Brust zu machen. Barbie schnurrte betörend in sein Ohr.

„Seit wann kann eine Barbie schnurren?“, dachte er irritiert, als in dem Moment die kurzhaarige Schönheit aufstand und sich aufreizend neben ihn posierte.

„Na, da wollen wir mal schauen, was der kleine Italiener sonst noch zu bieten hat.“

„Ne ganze Menge!“, prahlte Davide testosterongeladen.

„Ach, ist das so?“

Die Dame mit dem Charlestonlook der Brautsecurity lachte auf. Und erhob sich nun ebenfalls.

Barbies Hände auf seiner Brust drehten ihn so seitlich zum Tisch, dass seine Hüfte an Katja lehnte, während die Kurzhaarige lasziv vor ihm auf die Knie ging, um den Reißverschluss seiner Hose zu öffnen.

Was wurde das denn?

„Hoppsala!“

Sabine kicherte laut.

Denn sein harter Schwanz schnellte aus dem Hosenstall munter hervor, da er keine Unterwäsche trug.

Was dann geschah, nahm Davide wie im Zeitraffer wahr:

Sabine blickte kurz zu den verbliebenen Damen, nickte ihnen verschwörerisch zu, riss ihm mit einem Ruck die Jeans bis auf die Knie hinunter. Die schwarz lackierten Finger, die bisher an seinen Brustwarzen gespielt hatten, zogen ihm den Saum seines Shirts, auf dem „„Macho Man“ stand, nach hinten über den Kopf. Das fixierte seine Arme auf dem Rücken.

Ihm fiel der Kiefer herunter, als Katja ihn blitzschnell an den Schultern zu sich umdrehte, vom Tisch behände herunterrutschte und ihn mit einem gezielten Druck gegen die Brust aus dem Gleichgewicht brachte. Mit einem lauten RUMMS! fiel Davide hinterrücks auf den schweren dunklen Holztisch.

Die verbliebenen Mädels zogen ihn rücksichtslos – wie ein fettes Stück Steak auf der Tischplatte – nach hinten, befreiten ihn von seinem Shirt, um seine Arme hinter seinem Kopf auf die Tischplatte zu pressen. Zum Finale kletterte Katja am Kopfende auf das schwere Möbel, von dem sich nun alle Gläser und Dessertteller mit lautem Klirren verabschiedet hatten. Der Boden war übersäht mit Scherben sowie Tiramisu-Resten.

Katja grinste, als sie ihren Rock hochhob. Davide öffnete gerade den Mund, als sie ihn dadurch zum Schweigen brachte, indem sie sich mit einer flehenden Bewegung einfach auf sein Gesicht setzte. Katja trug keinen Slip.

Davide roch weibliches, wolllüstiges, und feuchtes Fleisch. Sein bester Freund gab sich große Mühe, stolz anlässlich der Versuchung zu strotzen.

„Ach, wie herzallerliebst!“, quietschte Barbie verzückt. „Er ziert sich.“

Davide spürte, wie sein bester Freund, auf den er sich bisher stets hatte verlassen können, in sein Schneckenhaus zurückkroch. DAS war ihm dann wohl doch zu viel des Guten. Zudem spürte er den Wunsch nach Sauerstoff hochkommen, was ihm jedoch durch Katjas Schoß nicht gewährt wurde. Ein Gefühl von Panik machte sich in seiner Brust breit. Er brauchte Luft! Seine Muskeln spannten sich mit aller Macht an. Allerdings hatten ihn die Weiber fest im Griff.

Das wiederum gefiel seinem Schwanz recht gut, denn der wollte sich nun doch einmal anschauen, was denn das Treiben dort draußen noch so bot. Die Lippen der kurzhaarigen Lady schlossen sich um ihn und begleitet von einem wohligen Stöhnen glitten diese den nun wieder harten Schaft hinab.

„Was für ein Spaß! Und das bei meinem Junggesellinnenabschied!“, freute sich Katja, die nun begann, ihr nasses Kätzchen an seinem Bart zu reiben.

Sie schlug begeistert in ihre perfekt manikürten Hände. Schnurrend setzte sie sich über den verzweifelten Versuch Davides hinweg, sich vehement zu befreien, um wenigstens ein bisschen Luft zu bekommen. Doch Katja geilte das ganze Spiel auf. Hier und da ließ sie einen kurzen Atemzug zu. Die anderen Damen ließen ihrerseits nicht locker. Lady Charleston und die rothaarige Hexe drückten die Arme des Italieners schmerzhaft auf die Tischplatte.

Davide hörte seine Handgelenke knirschen. Barbie verkrallte sich in seine Haare.

Die Kurzhaarige blies sich in einen Rausch, während Katja sich das holte, was sie brauchte. Hier und da hob sie erneut für eine kurze Sekunde ihr Kätzchen an, damit der Kerl unter ihr nicht komplett die Besinnung verlor.

Davide war außer sich.

„Ich werde einfach genommen von diesen Weibern!“, schoss es ihm durch den Schädel. Doch er war hilflos. Ohne jede Möglichkeit des Einwirkens. Als sich dann sein Verräter auch noch mit den Ladys verbündete und sichtlich Spaß daran hatte, benutzt zu werden, peitschte ihn die Mischung zwischen „Ich bringe die Zicken um!" und „Bloß nicht aufhören!" in pure Ekstase.

Das kurzhaarige Schneewittchen an seinem Schwanz hatte zudem eine Heidenfreude daran, ihn immer kurz vor dem Kommen ihrem Mund zu entziehen. Wut und Geilheit machte ihn rasend. Doch was sollte er schon tun? Gott sei Dank bekam das keiner seiner Freunde mit, die ihn sicher schallend ausgelacht hätten, weil italienische Männer es den Frauen ja so richtig besorgen. Und nicht umgekehrt.

Und dann ließ Katja endlich von ihm ab. Als ihr Orgasmus sie überfiel, rutschte sie entspannt wieder auf den Boden zurück, wo die Scheiben unter ihren hohen Absätzen knirschten wie frischer Pulverschnee.

„Na, Kleiner! Willst du auch kommen? Ich könnte bei meiner Freundin, die gerade sehr viel Spaß mit deinem besten Freund hat, sagen, dass sie dich erlösen soll. Du brauchst mich nur darum zu bitten."

Davides Wut schwoll weiter an!

„Dat kannste abhaken!"

Was bildete sich diese Kuh bloß ein? Als wenn er um Sex bettelte!!! Doch andererseits hielt er das da nicht länger aus.

Die Kurzhaarige machte ihn fix und alle. Sein Schwanz schmerzte schon. Lange würde das nicht mehr gut gehen.

Er stellte seine italienische Würde in das Weinregal und brummte zähneknirschend ein: „Ja!"

„Was ja?", schnurrte Katja in sein von ihrer Zunge vollkommen bereistes Ohr.

„JA! Ich will kommen."

„Wie heißt das Zauberwort, mein Schnuckelchen?"

Davide war kurz vorm Explodieren. Schnuckelchen! Er würde sie durchficken! Ja, und zwar so, dass sie drei Tage nicht mehr laufen konnte. Mit seinen Freunden. Rache! Vendetta!

Zähneknirschend kam ein „Bitte!" zwischen seinem

mit ihrem Saft vollgeschmierten Bart hervor.

„Erlös ihn. Unser kleines Spielzeug darf jetzt kommen.“

Vera gab Davide nun den Rest. Peitschte ihn noch zweimal bis in den Orbit der Venus, erzeugte zielbewusst eine Supernova, um ihn dann endgültig zu erlösen.

Als Davide kraftlos auf dem Tisch lag, spürte er noch durch den Nebel hindurch, wie die Weiber ihm das Geld der Rechnung für die Junggesellinnenabschiedsfeier auf die Brust legten. Doch er war zu schwach, um sich jetzt aufzurichten und ihnen die Meinung zu geigen. Die klackernden Absätze gingen Richtung Tür und verließen sein Restaurant. Das Letzte, was er von den Frauenzimmern wahrnahm, war ein lautes Kichern.

In dem Moment klingelte sein Handy.

Er kam mühsam nach oben und griff umständlich in seine Hosentasche, die immer noch auf seinen Knien hing. Ebenso kraftlos wie er.

„Davide, pronto?“

„Na, Alter, wie waren sie?“

Davide setzte sich mit einem Ruck auf. Sein bester Freund Paolo. Er war plötzlich hellwach. Im Hintergrund johlten noch ein paar andere Männerstimmen, die ihm ebenfalls sehr gut bekannt waren. Die Jungs aus seinem Skiurlaub!

Was zum Henker ...?!

„Hä? Wen meinst du, du Sack?“

„Hey Davide, jetzt tu mal nicht so. Du hattest doch Besuch, Alter. Besuch, der länger geblieben war als die anderen Gäste. Schönen Besuch. Mit Titten und so. Wir dachten, wir lassen es mal richtig für dich krachen! Die Ladys sind unser Geschenk zu deinem Geburtstag.“

Die Männerstimmen am anderen Ende begannen ein schräges italienisches Geburtstagsständchen zu singen.

Davide war sprachlos.

Zum zum zweiten Mal an diesem Abend blickte er

auf die große Uhr seines Großvaters, die wieder mal anzeigte, welche Stunde geschlagen hatte: die erste Stunde des Tages, an dem Davide auf die Welt gekommen war. Die Stunde seines Geburtstages. Der Geburt eines großen Mannes.

## Das Monster

Sssssssstttt ...

Die große Papierschere leckte am glänzenden Band des Geschenks entlang, das sich in ihren nackten Schoss schmiegte.

Wobei ... schmiegen war aufgrund der Ecken geschmeichelt. Genau genommen piekste es gemein. Das schwere Paket drückte sich mit aller Macht in die weiche, zarte Innenseite ihres Schenkels. Es tat weh. Aber sie wollte unbedingt, dass das Band einen wirbeligen Tanz aufführte, wenn sie IHM in Kürze sein Geschenk in die Hände legte. Also hieß es, ein Opfer zu bringen. Schließlich war Weihnachten. Das Fest der Liebe.

Und ER liebte nun mal Whisky. Es war seine Lieblingsmarke, die sie gerade lüstern quälte. Direkt importiert aus Schottland. Das ganze Internet hatte sie danach durchforstet, bis sie nach tagelanger Suche endlich die Flasche aufgetan hatte. Sie verstand nicht, warum er das Zeug so gerne trank. Es schmeckte in ihren Augen wie frisch aufgeworfene Graberde. Moderig und faul. Aber gut, er war ihr Herzblatt, und wenn er dieses Teufelsgebräu mochte, war es gut so.

Außerdem schaute er sie nach dem Genuss des einen oder anderen Glases immer so herrlich sexy an. Sein Mund schenkte ihr dann dieses bezaubernde schiefe Grinsen, das sie so sehr liebte. Schon beim ersten Kennenlernen hatte es sie komplett in ihren Bann gezogen. Dieses Grinsen gehörte alleine ihr.

Es malte sich auf seine Lippen, wenn er zum Beispiel die Ansätze ihrer Strümpfe sah, wenn sie ihre Haare nach oben strich, wenn sie ihm ihren Hals darbot oder wenn sie ihm neckisch ihren knackigen Po entgegenstreckte. Sie mochte das Wort Po. Arsch klang stets so abgedroschen. Ein Arsch war voluminös und hatte viel Fleisch.

Ihr Po hingegen war eine kleine, knackige Kostbarkeit. Der liebe Gott hatte damals einen guten Tag gehabt, denn ihr Hinterteil blieb auch ohne viel Sport in Form und lockte seit jeher die Männerblicke an, die sich dann an ihm gierig festsaugten. Irgendwann hatte sie ihn, Michael, kennengelernt. Auch sein Blick saugte sich fest. Wanderte dann aber als intensive Musterung in ihre Augen und von dort aus direkt in ihr kleines, vernachlässigtes Herz. Knack!

Nur bei ihm sah sie dieses jungenhafte schiefe Grinsen, das einher ging mit einem Glitzern in seinen Augen. Es ließ ihre Knie weich werden und ihre schmackhafte Schnecke triefen. Ab da war sie verloren. Ein für allemal.

Die Schere ließ das gerade Band zu einem willigen Schnörkelwirbel mutieren, und Janine nippte erneut an dem guten Rotwein, der so viel mehr IHR Geschmack war. Es war ihr zweites Glas, und bei dem Gedanken an Michaels Gesicht und seine Hände nach einem genussvollen Schluck des Torfzeugs kicherte sie wie eine Sechzehnjährige los. Rotwein weckte in ihr stets Lust auf Sex. Seine Wirkung war bei ihr sozusagen der Toröffner zum Himmel der Erotik.

Endlich, fertig!

Sie hob das schwere Paket hoch und stellte es neben sich ab. Dann betrachtete Janine die Abdrücke tief in ihrer milchweißen Haut, die oberhalb der Strapsstrümpfe ein markantes Gegenstück zur Schwärze der Nylons bot. Verzückt schnurrte sie leise und ließ ihre Hand darüber wandern. Leckte ihren Finger nass und fühlte erneut die Vertiefung.

Es tat ein wenig weh. Ein bisschen nur. Nicht zu viel und nicht zu wenig. Ein kleiner Seufzer räkelte sich raupengleich über ihre Lippen und befreite sich als wunderschöner Schmetterling flatternd in die warme Kaminluft des Wohnzimmers. Wie sehr wünschte sie sich, dass Michael endlich da wäre.

Heute, am Weihnachtsabend. Draußen tanzten Schneeflocken in der schwarzen Nacht. Die wenigen Kerzen, die sie aufgestellt hatte, beleuchteten verstohlen den glitzernden Weihnachtsbaum.

Ihre Lust wuchs und sie kämpfte damit, sich ihr persönlich anzunehmen. Nein, sie würde auf Michael warten. Oder vielleicht sollte sie sich vorher doch schon einmal ein wenig mit sich selbst beschäftigen? Nein! Sie würde sich für ihn aufsparen. Das würde ihm sicher gefallen.

Plötzlich hörte sie, wie sich jemand am Türschloss zu schaffen machte.

Sie blickte überrascht auf die Uhr. Michael? Aber es war viel zu früh! Sie schob das Paket auf Seite. Das Geräusch verstummte. Hatte sie sich geirrt?

Nein, da war es wieder! Ein leises Knarren am Schloss.

Wenn es Michael wäre, würde er gut gelaunt „DING DONG!“ rufen. Das tat er nämlich immer, wenn er nach Hause kam. Es war ihr gemeinsames Liebesritual.

Erst klopfte er. Dann rief er „DING DONG!“ – und wartete, bis sie antwortete: „Wer ist da?“

„Der große schwarze Mann, der dich gleich vernascht!“, rief er dann immer mit verstellter, sehr bedrohlicher Stimme.

Lachend öffnete sie daraufhin die Tür. Der Businesskoffer verwaiste anschließend dort, wo er stand, und Michael vögelte sie direkt im Eingang auf dem kleinen Tisch in die Besinnungslosigkeit.

Das Geräusch da draußen jedoch war ihr vollkommen fremd. Es fröstelte sie, trotz des wärmenden Kaminfeuers. Langsam stand sie auf, ging horchend Richtung Tür. Dabei begann sich ihr Magen zu beschweren, und leichte Übelkeit stieg in ihr hoch.

Sie lauschte ... Nichts. Ach, es war wohl eine Einbildung gewesen! Mehr nicht. Es war sicher bloß ein Ast, der an der Tür kratzte! Nur ... es gab da dummerweise keine Äste, geschweige denn überhaupt irgendwelche Bäume.

Sie zuckte zusammen. Nun war das Geräusch am Fenster. Ein kleiner Aufschrei entfuhr ihrem rotgeschminkten Mund, den sie sofort dadurch erstickte, dass sie sich die Hand auf den Mund presste.

Handy? Wo war ihr blödes Scheißhandy???

Wenn man es brauchte, war es nicht da. So eine Scheiße!!! Sie hatte es im Auto liegen lassen und das stand verrammelt in der Garage.

Ihre High Heels tanzten wie die Schuhe einer Flamencotänzerin ein lautes Stakkato auf das Echtholzparkett, als sie in die Diele lief. Die Lautstärke ihrer Schuhe erschreckte sie augenblicklich und sie kickte die teuren Dinger in die Ecke. Das gefiel ihrem Magen schon besser.

Es musste einfach Michael sein. Das war die Erklärung! Er wollte sie am Heiligen Abend nur erschrecken! Ihr Angst machen, um das Spiel zwischen ihnen noch mehr anzuheizen. Na warte, Michael! So einfach lässt sich deine Kleine nicht erschrecken! Trotz und Wut begannen hochzuköcheln.

Langsam schlich sie auf den benylonten Zehenspitzen Richtung Tür und schob ihr Auge vor den Spion.

Dabei fühlte sie sich wie ein kleines Kind, das sich abends nicht traute, unter das Bett zu schauen. Denn dort unten in der Dunkelheit, da war sich jedes Kind sicher, lauerte ein Monster. Mama hatte ihr zwar jedes Mal beteuert, dass es keine Monster gäbe, aber Mama war ja auch eine Erwachsene. Mamas hatten diesbezüglich nicht den Hauch einer Ahnung. Die verstanden das einfach nicht. Monster waren Lebewesen, die nur Kinder sehen konnten. Die – ebenso wie der liebe Gott oder der Osterhase – nur existierten, wenn man an sie glaubte. Und die deshalb ausschließlich Kinder fraßen. Monster rissen die kleinen Herzen mit langen Krallen heraus und schluckten sie schmatzend, schlürfend, langsam kauend in die Tiefen der Eingeweide hinab. Wo die Kinder dann Stück für Stück auf Nimmerwiedersehen in Gänze verschwanden.

Das war auch bestimmt der Grund, warum der kleine Paul damals aus der Nachbarschaft plötzlich fort gewesen war. Er war sicher gar nicht weggezogen. Er war aufgefressen worden. Ja, so war es! Die Eltern sind dann nur abgehauen, damit sie selbst nicht unter Mordverdacht gerieten. So musste es gewesen sein.

Janine glaubte heute noch an Monster und schaute jeden Abend unter ihr Bett, um sicherzugehen, dass dort nichts auf sie lauerte. Denn wer weiß schon, ob Monster nicht heutzutage auch auf gut geformte Knackpos Jagd machten? Ihre Mutter hatte ihr mehrfach versucht, klarzumachen, dass sie eine zu rege Fantasie habe. Es war Janine egal. Monster existierten. Ende der Diskussion!

Die Fantasie hatte in ihrem Leben immer schon eine große Rolle gespielt. Auch damals, als sie die Familienkatze Penelope erstickt hatte, weil diese sich mit dem Monster unter dem Bett zusammengetan hatte und ihre Augen fressen wollte. Das blöde Viech hatte gemeinsame Sache mit dem Ding unter ihrem Bett gemacht. Da war sich Janine ganz sicher.

Ihrer Mama hatte sie das natürlich nicht erzählt. Die glaubte ja nicht daran. Sie schilderte stattdessen, dass Penelope in der Nacht unter ihre Decke gekrochen war und dort rein zufällig erstickt sei. Die wahre Geschichte, die jedoch niemand kannte, war, dass sie den bösen Blick der Katze gesehen hatte, als diese unter dem Bett hervorkroch und sich neben sie legte. Das war damals das Zeichen für das Monster gewesen, welches dann nur noch auf Penelopes Maunzen hätte hochkommen müssen.

Und so trat Penelope unter den Händen Janines und einer großen Stoffmaus, nach Luft ringend und irgendwann verstehend, dass ihr Leben nun ein Ende haben würde, die Reise in den Katzenhimmel beziehungsweise in diesem Fall in die Katzenhölle an. Stoffmaus tötet Katze. Welche Ironie.

Vor ihrer Mutter hatte Janine dann dicke Kindertränen kullern lassen, die ihre Mama dazu gebracht hatten, sie mit einem nagelneues Barbiehaus zu trösten. Sie kam sich ein wenig wie eine Auftragskillerin vor, so gut war die Bezahlung. Diese dunkle Seite hatte sie immer wieder nach hinten geschoben. Jedoch hatte es Momente gegeben, in denen es ihr unendlich schwer fiel, dass das eine oder andere Haustier dran glauben musste, wenn sie wieder einmal gemeinsame Sache mit dem Monster machen wollte. Die Bezahlung blieb. Variierte jedoch mit dem Charakter ihrer Lebensgefährten, die sie damit zu trösten versuchten. Sie hatte es in einer schwachen Minute Michael gebeichtet, der sie darauf hin schützend in den Arm genommen und ihr Geborgenheit geschenkt hatte. Die Monster verblassten.

Wieder gedanklich im Haus gelandet, nahm Janine allen Mut der Vernunft eines Erwachsenen zusammen. Das MUSSTE Michael sein. Manchmal hatte er eine Art von psychischem Sadismus an sich, der ihr Angst machte. Beim Sex verstellte er gerne mal seine Stimme, so dass sie dachte, er sei wahnsinnig. Er stand darauf, dass sie Angst hatte, und sagte immer, „sie ginge dann so richtig ab." Tat sie auch, aber es war gemein und schrecklich. Er erinnerte sie dann immer an die Dämonen im Kinderzimmer, und sie kämpfte damit, IHM ein Kissen auf das Gesicht zu drücken.

Sie schüttelte die langen Haare und suchte Halt in der Gegenwart. Ihr Kopf musste klar werden. Janine, denk nach!!!

Wenn es wirklich Michael war, dann war dies der Gipfel an Sadismus. Sie würde es ihm heimzahlen. Spätestens beim nächsten Höhepunkt, den er anstrebte, würde sie ihn kurz vorher versauern lassen. Mit oder ohne Kissen.

Es hätte so ein schöner erotischer Weihnachtsabend werden sollen, doch nun stand sie da und hatte Angst, durch das Guckloch zu schauen und in die Augen des Monsters zu blicken. Sie atmete ein und schaute dann doch hindurch.

Ihr Herz bliebt augenblicklich stehen. Genau vor dem Spion sah sie zwei Augen – ganz nah, so dass sie nicht erkennen konnte, wie das dazugehörige Gesicht aussah. Sie taumelte zurück und warf dabei das Tischchen um, auf dem sonst ihr Dreckshandy lag.

Mit lautem Poltern fiel das Möbelstück zu Boden und beschwerte sich so rebellisch über die brutale Behandlung. Janine verlor das Gleichgewicht, denn der Tisch revanchierte sich damit, ihr ein Bein zu stellen. Ihr Kopf knallte krachend gegen das Treppengeländer und sie fiel zu Boden. Regungslos lag sie da. Ihre Lippe schmerzte. Als sie das Blut auf ihrer Hand entdeckte, mit der sie die schmerzende Stelle berührte, wurde sie panisch.

Angsterfüllt presste sie ihren Körper gegen die Halt gebende Wand. Was zum Teufel war das da draußen? Ihr Knie war ebenfalls aufgeschlagen, und sie sah zu, wie sich in Zeitlupe eine Laufmasche ihren Weg vom Knie hinauf zum Strumpfansatz bahnte. Das Haus, das ihr sonst Schutz und Geborgenheit schenkte, war nun ihr Käfig, in dem sich das Monster da draußen sein Abendessen hielt. It‘s dinner time, Baby!

Das konnte unmöglich Michael sein. So etwas tat er nicht. Ihr Kopf wurde plötzlich klar. So fühlte man sich also, wenn die Unbestechlichkeit Besitz von einem Menschen ergriff. Klar und ruhig.

Langsam stand sie auf. Das Handy war ihr mit einem Mal egal. Sie schaute ins Wohnzimmer auf den Weihnachtsbaum. Er war stets ihr Inbegriff von Frieden und Familie gewesen. Heute würde er das Symbol von Leben und Tod sein. Ruhig schaute sie ihn an. Hallo, Baum! Wir beide werden das hier gemeinsam durchstehen. Egal wie. Es ist Weihnachten. Schlechte Zeit für Monster.

Dann wanderte ihr Blick hinab zu dem Geschenk für Michael und zu der schweren Schere. Ein dämonisches Grinsen machte sich auf ihren rot verschmierten Lippen breit. Sie begann zu summen. Stiiiiihille Naaaaaacht ...

Leise schlich sie zum Baum, ging in die Hocke und nahm die Schere hoch. Scharf war sie und spitz.

Lässig ließ Janine ihre Waffe an einem Finger herunterbaumeln, durchschritt das Wohnzimmer und schlüpfte wieder in die High Heels. Eine Amazone musste für den Kampf gerüstet sein. Wenn sie hier schon zu Grunde gehen sollte, dann bitte stilvoll.

Das Kratzen hörte sie nun bereits an unterschiedlichen Orten. Zuerst an der Tür, dann am Wohnzimmerfenster. Sogar im Kamin rieselte ein wenig Asche herunter in das knisternde Feuer, und das war keine Einbildung.

Sie lauschte.

Mit einem Mal gab es im Obergeschoss im Schlafzimmer ein lautes KRACH! Das musste das Fenster sein!

Ruhig blickte sie nach oben. Okay, wir sind also an alter Stelle, mein liebes Monster. Im Schlafzimmer.

Ihre Ruhe wich nun doch wieder zäher Angst. Ihr Herz schlug lauter, bis zum Hals. Sprang bis an den Gaumen hoch. Die Angst schob sich wie eine schwarze Wolke vor ihr Denken. Dann spürte Janine, wie ihr Angstschweiß begann, auf der Oberlippe zarte Perlen zu bilden. Ihr Schoß wurde brennend heiß. Das Adrenalin ließ ihren Körper auf Hochtouren laufen.

Sie schlich sich stumm zur Treppe, denn dort oben hörte sie nun ganz reale Schritte. Dummerweise war es im ganzen Haus dunkel. Nur die Kerzen im Wohnzimmer schenkten einen Hauch von Licht. Es war ihr nun klar, da ihr Auto in der Garage war, dass beispielsweise ein Dieb deshalb sicher dachte, dass niemand am Heiligen Abend zu Hause sei. Dass Sie vielleicht Verwandte besuchte und einfach der Stimmung wegen der Tannenbaum da stand und die Kerzen einfach der Stimmung wegen an waren.

Ein verhaltenes Schleifen und Kratzen am Wohnzimmerfenster entriss sie ihren Gedanken. Nun waren die Geräusche überall. Die Schritte im oberen Geschoss. Das Kratzen hier unten. Ihr Gehör war komplett desorientiert. Konzentrier dich, Janine!!! Keine Panik!!! Lass es draußen knirschen und kratzen. Die wahre Gefahr, das Monster, kam von oben.

Sie hielt die Schere fest umklammert, drückte ihren heißen Körper gegen die kühle Wand, um nach oben am Treppengeländer einen Blick auf das Monster zu erhaschen. Dann sah sie etwas: schwere, schwarze Stiefel. Ein Einbrecher!!! Fast freute sie sich, denn ein Monster zu besiegen, schien unmöglich. Doch ein Einbrecher war ein Mensch, und der war nicht gefeit vor der tödlichen Schere, die eben noch dafür benutzt worden war, ein hübsches Geschenk für Michael zu verzieren.

Der Eindringling zögert kurz. Sie hielt den Atem an. Lauschte er? Ein maskulines Grunzen kam von oben, bevor er mit langsamen Schritten die Treppe hinabkam.

Janine lauerte an der Seite der Treppe und wartete auf den einen wichtigen Moment. Der Moment, der alles entscheiden würde. Überlebte sie oder das Menschenmonster?

Als seine Beine auf ihrer Schulterhöhe angekommen waren, holte sie mit voller Macht aus und stach zu. Ein ohrenbetäubender Schrei erfüllte das gesamte Haus. Ein Mann, soviel wurde ihr klar. Er taumelte, griff am Geländer vorbei und fiel polternd die letzten Stufen hinab zum Eingang. Sie schrie los, setzt sich auf seinen Rücken und rammte ihm immer und immer wieder die Schere schmatzend zwischen die breiten Schulterblätter. Händeringend versuchte der Eindringling, auf die Beine zu kommen. Doch genau das musste sie verhindern.

Durch den Stoff des dicken Mantels hindurch spürte

sie, dass er groß und schwer war. Sie war so froh, dass sie das Geschenk für Michael eingepackt hatte. So unendlich froh und dankbar, diese Schere in den Händen zu halten. Sie stach immer wieder zu.

Dann war es plötzlich ruhig. Tiefe, alles verschlingende Ruhe schwappte wie eine dunkle Woge über sie. Sie begann zu zittern und schaute nach unten. Sein Mantel war rot. Blut quoll zwischen den Schulterblättern des Mannes hervor. Ihr ganzes Gesicht war übersät mit Sprenkeln seines eben noch so wertvollen Lebenssaftes.

Janine stand auf. Atemlos und nach Luft schnappend sah sie den Eindringling an. Eine rote Mütze war ihm vom Kopf gefallen und seine weißen Haare fielen wie Schneeflocken auf den dunklen Holzboden.

Janine begann zu weinen. Wortlose, dicke Tränen ihrer verlorenen Kindheit. Sie schaute nach links und durch das Fenster hindurch und blickte in die großen, traurigen Augen eines Rentiers, dass an ihrem Fenster kratzte. Eine rote Nase leuchtet in die dunkle Nacht hinein. Langsam begriff sie. Sie.

Vor der Tür hörte sie Michaels Stimme: „DING DONG!“

Ihre Beine versagten. Sie fiel auf die geschundenen Knie. Ihr Leben lang hatte sie an das Böse geglaubt. Die Monster unter ihrem Bett. Die Angst hatte sie begleitet. Umklammert. Wie ein wildes, böses Tier. Und dabei brauchte sie keine zu haben. Es gab keine Monster. Mama hatte recht gehabt. All die Zeit. Die Haustiere waren umsonst gestorben. Jedes einzelne. Sie legte die Stirn auf den kühlen Holzboden und schaute zur Seite, in das tote und gütige Gesicht des Weihnachtsmannes.

# Die Autorin

Maria Mariposa wurde in Köln geboren. 2012 begann sie ihrer Phantasie in Kurzgeschichten freien Lauf zu lassen. Zunächst schrieb sie „Böse Geschichten", in denen sie sich mit den Abgründen in alltäglichen Situationen beschäftigt. Durch eine Einladung zu einer erotischen Lesung fanden die ersten „Gierigen Geschichten" ihren Weg auf das Papier. Seitdem schreibt sie primär unter ihrem Künstlernamen im Genre Erotik. Unverschämt, unverblümt und witzig oder dunkel bis abgründig taucht sie in die Welt der Lust hinein. Dabei überraschen die Kurzgeschichten den Leser mit unterhaltsamen Wendungen oder Rahmenhandlungen.

www.facebook.com/boesegeschichten

Ralf Seeger, **DEUS IUDEX MEUS – Nur Gott ist mein Richter** (Autobiografie), ISBN 978-3-943292-17-6, 316 Seiten, chiliverlag (Oktober 2014), Euro 16,90

Ralf Seeger, Kampfsportlegende im Free Fight, Kickboxen und Boxen, Bergsteiger, passionierter Tierschützer, Personenschützer, Schauspieler u.v.m. ist uns allen bekannt aus TV-Serien wie „Helden für Tiere" (VOX), „Harte Hunde" und aus weiteren Sendungen.

In dieser Autobiografie erzählt er seine bewegte Geschichte: von einer schwierigen Kindheit und Jugend, dem Abgleiten in Gewalt und Kriminalität und seinem langen Kampf um eine Rückkehr in ein Leben in Freiheit. Mit dieser packenden Autobiografie lässt Ralf Seeger tiefe Einblicke in seine Vergangenheit und seine Persönlichkeit zu. In sieben umfangreichen Kapiteln nimmt er den Leser mit auf seine Entwicklung vom Heimkind zum zweifachen Weltmeister im Free Fight sowie auf weitere wichtige Stationen in seinem Leben.

Mit einem Nachtrag von Andrea Gerecke.

**Hinter dem Licht – KIMM-Stories**
Anthologie mit 22 Autorinnen und Autoren
über Korruption, Intrige, Macht und Mord,
Fotos von **Yves Drube**, chiliverlag 2014,
ISBN 978-3-943292-10-7, 13,90 Euro

Intrigen, Manipulationen, Machtkämpfe und Verbrechen finden überall statt, selbst im engsten Familienkreis. Manchmal enden sie tödlich. Ein nicht unerheblich-es Spektrum korruptionsgeladener Vorfälle geschieht im beruflichen Umfeld von Menschen, die alle ein ähnliches Ziel verfolgen: sich selbst ins beste Licht zu rücken und dieses möglichst noch honoriert zu bekommen. Eitelkeit, Gier, Habsucht und blinde Leidenschaft öffnen Tür und Tor für Verbrechen und müssen nicht selten mit dem Leben bezahlt werden. Selbst Schönheitsköniginnen sind nicht davor gefeit.

In diesem Buch versammelt sich die ganze Bandbreite hinterhältiger und krimineller Machenschaften. 22 Autorinnen und Autoren schreiben Geschichten und Gedichte über Lüge, Erpressung, Betrug-Rache, vermisste Menschen und eiskalten Mord.

Hrsg. Franziska Röchter

**Jetzt anders! Ein Lesebuch voller Vielfalt und für Toleranz**

978-394-3-292-15-2, chiliverlag 2014, EUR 12,90

Von Alkoholismus, Asperger Syndrom / Autismus und Ausgrenzung, Body Integrity Identity Disorder, Depression, Fetischismus, Inklusion, Psychose, Schizophrenie bis hin zu Homo- und Transsexualität und Zwangsstörungen reichen die „besonderen" Erscheinungsformen vielfältiger menschlicher Existenz, mit denen sich 35 Autorinnen und Autoren in diesem Buch literarisch auseinandersetzen. Unter Ihnen Schriftsteller wie Alex Dreppec, Gerald Jatzek, Andreas Koch u.v.m.

Mit Fotos von **Jacqueline Nolting**. Mit einem Essay über die „Normalitätslüge" von Josef Hader und einer gnadenlos komischen Satire aus der Welt des Frauenfußballs von der bekannten Stürmerin und Erstligaspielerin des Herforder SV, **Romina Burgheim.**

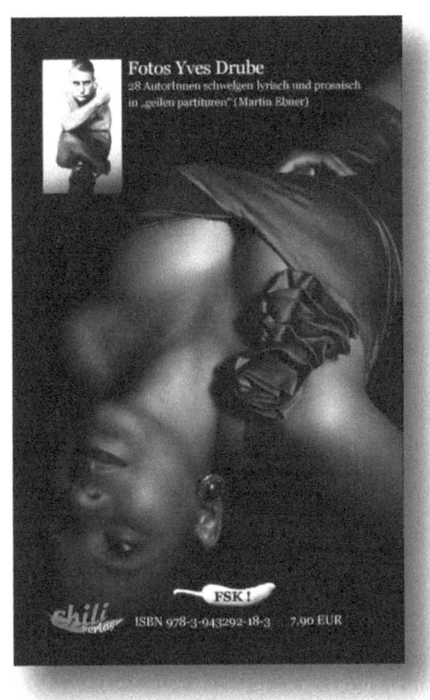


**Brombeerrausch** (Hrsg Franziska Röchter), Paperback,
Anthologie mit 28 Autoren und Autorinnen
Fotos: Yves Drube, (chiliverlag, September 2014)
ISBN 978-3943292183, EUR 7,90

Brombeerrausch (raja chili) ist die schärfere Fortsetzung der erfolgreichen erotischen Lyrikanthologie Pfeffrige Sünde – Habanero Red (chiliverlag 2012).

28 Autorinnen und Autoren, unter ihnen zwei Finalisten des bekannten Menantes-Preis für erotische Dichtung 2014, Alex Dreppec und Bernd Daschek, die Zürcher Schriftstellerin Susanne Mathies, der Österreicher Josef Hader sowie der Lyriker Thomas Rackwitz u.v.m. schwelgen lyrisch in „geilen partituren" (Martin Ebner) und schreiben in Kurzgeschichten über „feurige Abenteuer" (Manfred Pricha) beim Duchwandern gewisser „Hautgeographien" (Alex Dreppec); die „Wanderbeschreibung" liefert Josef Hader mit, während Susanne Mathies' „Lüsterne Litschi" nicht nur „laute Lutschgeräusche" absondert.

Ein Vergnügen in Gedicht, Kurzprosa und Short Story.